# 一步到位学会

## 电动自行车维修

**彩色视频版**

孙洋 孔军 等编著

化学工业出版社
·北京·

本书采用全彩图解的形式，系统地介绍了电动自行车主要部件的结构、工作原理、故障检修流程和检修技巧等。首先从整体上介绍了电动自行车的分类、主要部件及维修仪表的使用技巧；然后详细介绍了电动机和控制器、蓄电池和充电器的结构和工作原理；接着深入分析了电动机、控制器、充电器和电源等电气部件的检测和更换技巧；最后通过一些典型的电动自行车综合故障检修实例总结了电动自行车的故障检修流程和技巧。此外，重点章节配有实操视频教学，与图文相得益彰，扫二维码即可边看边学，更快掌握电动自行车维修技能。

本书图文并茂、通俗易懂，具有很强的实用性和可操作性。本书适合从事电动自行车维修的技术人员阅读使用，也可用作职业院校、培训学校相关专业的参考教材。

#### 图书在版编目（CIP）数据

一步到位学会电动自行车维修：彩色视频版／孙洋等编著．—北京：化学工业出版社，2019.3（2025.6重印）
ISBN 978-7-122-33568-5

Ⅰ.①一⋯　Ⅱ.①孙⋯　Ⅲ.①电动自行车-维修-图解　Ⅳ.①U484.07-64

中国版本图书馆CIP数据核字（2018）第303121号

---

责任编辑：耍利娜　李军亮　　　　　　　　　　装帧设计：王晓宇
责任校对：王　静

---

出版发行：化学工业出版社（北京市东城区青年湖南街13号　邮政编码100011）
印　　装：涿州市般润文化传播有限公司
787mm×1092mm　1/16　印张12¼　字数297千字　2025年6月北京第1版第15次印刷

---

购书咨询：010-64518888　　　售后服务：010-64518899
网　　址：http://www.cip.com.cn
凡购买本书，如有缺损质量问题，本社销售中心负责调换。

---

定　　价：59.00元　　　　　　　　　　　　　　　　　　　　版权所有　违者必究

# 前言
## Preface

目前，电动自行车的发展突飞猛进，其普及率逐年提高，维修网点也遍布全国城乡。为满足维修技术人员维修电动自行车的需要，我们组织了多位行内专家和拥有十多年丰富经验的维修技师共同编写本书，希望对读者有所帮助。

本书第一章主要讲解电动自行车的结构；第二章主要讲解电动机和控制器的结构和原理；第三章主要讲解充电器和蓄电池的结构和原理；第四章主要讲解电动自行车主要部件的检测和更换技巧；第五章主要讲解蓄电池的修复程序；第六章主要讲解电动自行车综合故障检修流程和技巧。

本书内容特色如下：

① 本书采用诸多实物照片、操作图及电路图相结合，生动形象地介绍了电动自行车各部分的结构，并将拆卸步骤和检修过程按步步图解的形式展开，使读者一看便知，便于加深理解，以达到速学速修的目的。

② 本书主要介绍电动自行车主要部分的检测和更换技巧及蓄电池修复程序，这些内容都有较强的现场感，同时配以精美的图片和简洁易懂的文字，便于理解和记忆。

③ 本书中的综合故障检修程序和技巧可再现维修过程，向读者提供翔实的维修思路和故障排除方法，使读者达到举一反三、触类旁通的学习效果。

本版在第一版的基础上主要做以下修订：

① 黑白改为彩色。大量的彩色实物照片以及操作图采用四色印刷，示意图也升级为彩色的，图书更具吸引力。

② 增加维修视频。共二十多段维修视频，扫描其二维码即可边学边看，仿佛置身维修第一现场，图、文、视频三位一体，大大提高读者的学习效率。

③ 增加维修要诀。重点小节添加对应的维修要诀，采用顺口溜的形式将需要掌握的知识点进行归纳总结，读起来朗朗上口，更加便于读者记忆和掌握。

本书主要由孙洋、孔军编著，参与本书编写的还有康小厂、李梭、彭耀伍、韩博、宋家乐、石超、秦萌、苏影、韩文飞、楚建功、马亮亮、刘彦楠、刘地、刘中江、黄秋杰、张爱萍、赵世成、侯元德、冯丹丹、黄文霞、耿荣森、李宁、李建伟、杨易锋、李换、孙慧敏、马娟、张荔荔、赵怀宙、孙鹏、张旭、张玉河、闫修品、冯志刚、薛瞧、王佳、薛秀云、孙兰、谭连枝、李艳丽、孙慧杰。。

由于编著者水平有限，书中难免有不足和疏漏之处，望读者批评指正。

编著者

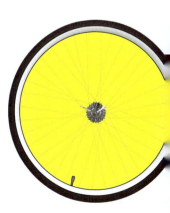

# 目录 Contents

## 第一章 电动自行车的分类、结构和维修仪表 / 001

第一节 电动自行车的分类 / 001

第二节 电动自行车主要部件的结构识读 / 003

    一、电动机 / 003

    二、常用蓄电池 / 005

    三、充电器 / 006

    四、控制器 / 007

    五、控制附件 / 007

    六、电气元件 / 009

    七、机械元件 / 012

第三节 维修仪表的使用技巧 / 016

    一、数字万用表的使用技巧 / 016

    二、无刷电动机霍尔检测仪 / 021

    三、兆欧表（500V 直流）/ 022

## 第二章 电动机和控制器的结构和原理 / 024

第一节 电动机的结构和原理 / 024

    一、有刷无齿电动机的结构 / 024

    二、无刷无齿电动机的结构 / 027

    三、有刷有齿电动机的结构 / 029

    四、无刷有齿电动机的结构（双核磁王型）/ 032

    五、有刷电动机的简单工作原理 / 034

    六、无刷电动机的简单工作原理 / 035

第二节 控制器的结构和原理 / 036

    一、有刷控制器的结构 / 036

    二、有刷控制器的电路原理 / 038

    三、无刷控制器的结构 / 040

    四、无刷控制器的电路原理 / 042

第三节 控制器附件的结构和原理 / 046

    一、调速转把 / 046

    二、闸把 / 047

    三、助力传感器 / 048

    四、飞车保护器 / 049

第一节 蓄电池的结构和原理 / 050

一、铅酸蓄电池的结构 / 050

二、铅酸蓄电池的工作原理 / 053

三、蓄电池的使用注意事项 / 054

第二节 充电器的结构和原理 / 056

一、充电器的结构 / 056

二、典型充电器电路原理 / 060

三、充电器的使用注意事项 / 063

第三章 Chapter 03
蓄电池和充电器的结构和原理

/ 050

第一节 电动机主要部件的检测和更换技巧 / 065

一、无刷电动机绕组的快速检测技巧 / 065

二、无刷电动机绕组断路和短路的检测技巧 / 066

三、无刷电动机绕组搭铁和绝缘电阻的检测技巧 / 069

四、电动机绕组绝缘电阻的检测 / 072

五、霍尔电源电压的检测 / 076

六、霍尔相线电压的检测 / 078

七、霍尔元件的检测技巧（电阻法） / 080

八、电动机霍尔元件的更换 / 082

第二节 控制器典型部件的检测和更换技巧 / 087

一、无刷控制器驱动电压的检测技巧 / 087

二、有刷控制器驱动电压的检测技巧 / 089

三、调速转把的检测技巧 / 092

四、闸把开关的检测技巧 / 094

五、调速转把的更换技巧 / 097

六、闸把的更换技巧 / 100

第三节 车身典型电气部件的检测技巧 / 102

一、喇叭开关的检测技巧 / 102

二、转向开关的检测技巧 / 104

三、变光开关的检测技巧 / 107

第四章 Chapter 04
电动自行车主要部件的检测和更换技巧

/ 065

四、照明开关的引线功能检测技巧 / 110

第四节 充电器和电源（蓄电池）的检测技巧 / 114

一、充电器空载电压的检测技巧 / 114

二、充电器负载电压的检测技巧 / 116

三、电源开关的检测技巧 / 118

四、空气开关（电摩用）的检测技巧 / 124

五、转换器的检测技巧 / 127

六、蓄电池组总电压的检测 / 132

七、单体蓄电池端电压的检测 / 134

八、电阻丝放电技巧 / 134

# 第五章 蓄电池的修复和组配

139

第一节 蓄电池的修复条件 / 139

一、不可修复的蓄电池 / 139

二、可修复的蓄电池 / 140

三、蓄电池的修复判断流程 / 141

第二节 单体蓄电池的修复程序 / 142

一、落后单体蓄电池的判断 / 142

二、被修复单体蓄电池的加液 / 145

三、修复过程 / 146

四、放电检测 / 147

五、装复 / 148

第三节 整组蓄电池的修复程序 / 148

一、蓄电池容量的放电检测 / 148

二、蓄电池加液 / 149

三、修复过程 / 149

四、放电检测 / 150

第四节 蓄电池修复技巧总结和修复时间 / 150

一、蓄电池修复技巧总结 / 150

二、确定蓄电池修复时间 / 150

第五节 蓄电池的组配 / 152

一、蓄电池的组配意义 / 152

二、蓄电池的组配思路 /153

三、蓄电池的特性测定 /153

四、蓄电池的组配技巧 /154

第一节　电动机的故障检修流程和技巧 /155

一、仪表盘指示灯不亮，电动自行车不能
　　起步 /155

二、仪表盘指示灯亮，但电动机不转 /157

三、打开电源开关，无刷电动机转动缓慢 /160

四、无刷电动自行车行驶里程严重缩短 /163

五、电动机短时间内严重过热 /165

六、有刷电动机噪声过大或声音异常 /167

七、无刷电动机噪声过大或声音异常 /169

八、电动自行车"飞车" /171

九、电动自行车电源开关一打开熔断器
　　就爆 /172

第二节　蓄电池的故障检修流程和技巧 /174

一、新蓄电池电压降得过快 /174

二、串联蓄电池组出现不均衡 /175

三、蓄电池过热 /176

第三节　其他电气部分的故障检修流程和
　　　　技巧 /177

一、转向灯全不亮 /177

二、制动灯不亮 /179

三、电喇叭不响 /180

四、前大灯不亮 /182

第四节　行车及操纵制动系统的故障检修流程
　　　　和技巧 /182

一、转向把转向不灵活 /182

二、转向把晃动或抖动 /183

三、鼓式制动器制动效果差 /184

四、液压盘式制动器制动效果差 /185

第六章
电动自行车综合故障检修流程和技巧

# 第一章

## 电动自行车的分类、结构和维修仪表

### 第一节　电动自行车的分类

电动自行车种类繁多，样式多种多样。按照其功能和款式的不同可分为简易型、标准型、豪华型、电动三轮型等多种。

#### 1. 简易型电动自行车

简易型电动自行车是在自行车的基础上装配了"四大件"、调速转把、显示仪表等部件，简易型电动自行车的外形如图 1-1 所示。

图 1-1　简易型电动自行车的外形

#### 2. 标准型电动自行车

标准型电动自行车装配有多功能仪表、转向灯等，具有 1+1 助力、操作简便、价位适中等特点。所配电动机功率一般为 150～180W。标准型电动自行车的外形如图 1-2 所示。

图 1-2　标准型电动自行车的外形

### 3. 豪华型电动自行车

豪华型电动自行车,也称电动摩托车,简称电摩,它在标准型的基础上,还配置有速度里程表、电压电量表和转向指示灯等。其特点是外形美观,设计合理。豪华型电动自行车的外形如图1-3所示。

图1-3 豪华型电动自行车的外形

> **提示**
>
> 随着人们生活水平的提高和上班族快捷的需要,电摩的发展已超出电动自行车的标准。标准规定时速20km/h,现在有的车型可达到80km/h。配置的蓄电池由原来的36V增加到72V,希望相关部门予以限制,减少交通事故的发生。

### 4. 电动三轮车

电动三轮车有单座三轮、双座三轮、货运三轮等,如图1-5所示。它配置的电动机功率一般为180～250W,48V,20A。目前,有些车型配置有300W或350W电动机。电动三轮车的外形如图1-4所示。

图1-4 电动三轮车的外形

## 要诀 1

电动车都使用电,绿色环保又方便,
种类繁多功能全,骑过之人都称赞。
功能款式来分类,一般分成三种款,
简易电车结构简,自行车上配四件,
标准电车有特点,价位适中操作简,
豪华电摩功能全,外形美观跑得远。

## 第二节　电动自行车主要部件的结构识读

### 一、电动机

电动机根据有无电刷可分为有刷电动机和无刷电动机；根据有无齿轮变速机构可分为有齿电动机和无齿电动机。

#### 1. 有刷无齿电动机

有刷电动机有 2 根引线，其中红色或黄色线为正极，黑色线为负极。若电动机引线接反，电动机会反转，但对电动机无任何损害，只要将 2 根接线调换即可恢复正常。有刷电动机的结构如图 1-5 所示。

**要诀 2**

有刷电机两根线，红或黄正极黑地线，
两根导线如接反，电机就会反着转，
遇到反转怎么办，两根导线需调换。

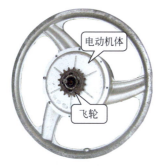

(a) 有刷无齿电动机的结构　　(b) 有刷有齿电动机的结构

图 1-5　有刷电动机的结构

#### 2. 无刷无齿电动机

无刷无齿电动机的种类较多，是目前电动自行车上最常用的形式。

无刷电动机有 8 根引线：3 根相线，5 根霍尔线。其中，红线为霍尔电源线；黑线为接地线；黄、绿、蓝线为霍尔相线。与控制器对应线相接。无刷电动机的结构如图 1-6 所示。

**要诀 3**

有刷电机 8 根线，5 根霍尔 3 相线，
3 根相线容易辨，5 根霍尔辨就难，
红为霍尔电源线，黑色地线很明显，
红绿蓝霍尔相线，速记就要对比看。

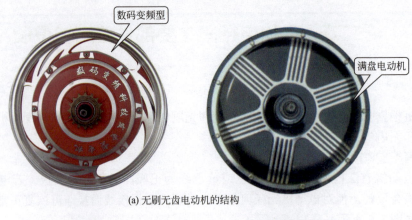

(a) 无刷无齿电动机的结构

(b) 无刷有齿电动机的结构

图 1-6　无刷电动机的结构

### 3.电动三轮车电动机

电动三轮车电动机的结构如图 1-7 所示。

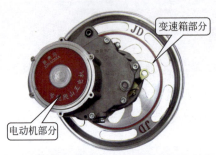

(a) 风冷电动机

(b) 变速电动机

(c) 变速直流电动机

(d) 无刷减速电动机

(e) 无刷电动机　　　　　　　　　　(f) 差变速电动机

图 1-7　电动三轮车电动机的结构

 提示

根据载物的需要，出现了各种各样的电动三轮车，所配电动机大多采用有齿电动机（即减速机构），是为了增大电动机的驱动力，其作用是将电动机主轴的高速转动输出变为低转速转矩，以适应承载、爬坡的需要。有些电动机若不是有齿电动机，在驱动桥上也应有减速机构。

### 4. 电动三轮车驱动桥

电动三轮车驱动桥的结构如图 1-8 所示。

(a) "18"（"16"）中置电动机车半轴总成　　　　(b) BL-Z双驱差速后桥总成

(c) 双链双驱动叉速后驱动桥

图 1-8　电动三轮车驱动桥的结构

## 二、常用蓄电池

常用蓄电池的外形如图 1-9 所示。

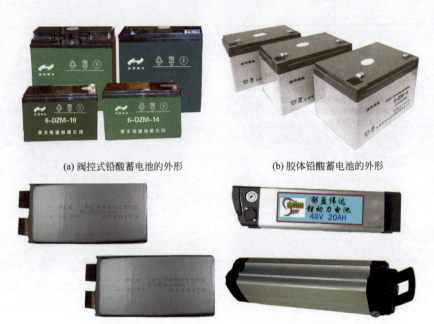

(a) 阀控式铅酸蓄电池的外形　　(b) 胶体铅酸蓄电池的外形

(c) 镍氢蓄电池的外形　　(d) 锂电池的外形

图 1-9　常用蓄电池的外形

> **提示**
>
> 铅酸蓄电池使用居世界之首，含污染成分少，可回收利用，在相同容量下，蓄电池的体积和重量较大，寿命也较小。同体积的胶体蓄电池容量较大、寿命长、高低温性能更好。镍氢蓄电池的比能量比铅酸蓄电池好很多，其单体寿命长，串联时若过充电极易形成单体蓄电池隔板熔化而导致整组蓄电池迅速失效。锂电池过充电和过放电状态时会发生爆炸，由于其重量轻、寿命长，虽然目前价格太贵，但是代替铅酸蓄电池却是一个趋势。

## 三、充电器

充电器的种类多种多样，但结构大致相同。一般都由整流模块，滤波模块，过压、过流保护模块，脉冲充电电路，PWM 电路，DC/DC 升压电路等部分组成。其作用是将 220V 市电转变为约 300V 的直流电压，再经高压开关和电压变换电路，得到所需的直流充电电压。常用充电器的外形如图 1-10 所示。

### 要诀 4

充电器来种类繁，结构相似容易辨，
看懂电路并不难，组成部分要记全，
整流滤波是关键，保护模块很明显，
PWM 电路、脉冲充电，DC/DC 升压还没完，
220V 变 300V 直流电，电路转换可充电。

图 1-10　常用充电器的外形

## 四、控制器

### 1. 有刷控制器

有刷控制器有 3 根粗电源线（橙线、黑线和红线）、2 根电动机粗线（黄线和蓝线），另外还有 3 根调速转把线、2 根闸把线，某些车型还有限速线和巡航线等。有刷控制器的外形如图 1-11 所示。

### 2. 无刷控制器

无刷控制器有 2 根粗电源线，粗红接蓄电池正极，粗黑接蓄电池负极；5 根细霍尔连线，其中细红为电源线，细黑为接地线；细黄、绿、蓝为霍尔相线，粗黄、绿、蓝为电动机主相线；另外还有调速转把线（3 根）、2 个闸把开关引线、速度信号线、60°和 120°选择线等。无刷控制器的外形如图 1-12 所示。

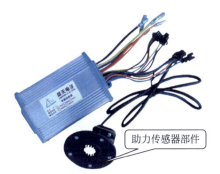

图 1-11　有刷控制器的外形

图 1-12　无刷控制器的外形

## 五、控制附件

### 1. 调速转把

调速转把的作用是控制电动机的转速，它可分为霍尔调速转把和光电调速转把两种，目前广泛使用的是霍尔调速转把。霍尔调速转把又可分为普通和多功能两种。

（1）普通调速转把

普通调速转把有三根引线，一根红色电源线，一根黑色接地线，一根绿色或白色信号线。普通调速转把的外形如图 1-13 所示。

（2）多功能调速转把

多功能调速转把在有普通调速转把的功能和引出线外，还具有喇叭、照明和高低速切换等功能。多功能调速转把的外形如图 1-14 所示。

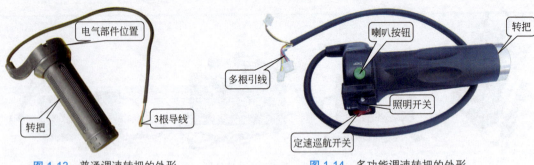

图 1-13　普通调速转把的外形　　　　　图 1-14　多功能调速转把的外形

> **提示**
>
> 由多功能调速转把引出的导线中，有关调速的引线有三根：地线、电源和信号线。

### 2. 闸把

闸把也叫刹把，其作用是用来制动和断电。闸把开关可分为机械式和霍尔式两种，而机械式又可分为常开型和常闭型，目前大多采用常闭型。

（1）机械闸把开关

机械闸把开关有二根引出线，一根红色电源线，其电压一般为 +5V，也有 +12V 或 +15V 等；另一根是黑色接地线。机械闸把开关的外形如图 1-15 所示。

（2）霍尔闸把开关

霍尔闸把开关也叫电子闸把开关，它有三根引线，一根红色电源线，其电压一般为 5V；一根黑色接地线；一根蓝色输出信号线。霍尔闸把开关的外形如图 1-16 所示。

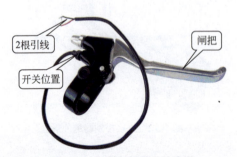 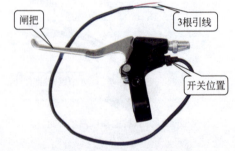

图 1-15　机械闸把开关的外形　　　　　图 1-16　霍尔闸把开关的外形

> **提示**
>
> 霍尔闸把（电子闸把）闸座里面安装开关型的霍尔元件，闸把上安装磁钢，将捏刹车的机械动作感应成控制器能识别到的电信号。其优点是防水、防尘、耐磨。

### 3. 助力传感器

助力传感器也叫 1+1 助力传感器，助力传感器有三根引线，即 +5V 电源（红色）线、接地（黑色）线和信号输出（绿色）线。其外形如图 1-17 所示。

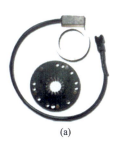 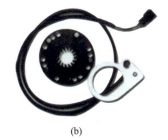 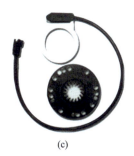

(a)　　　　　　　　　(b)　　　　　　　　　(c)

图 1-17　助力传感器的外形

## 六、电气元件

### 1. 防盗报警器

防盗报警器的外形如图 1-18 所示。

图 1-18　防盗报警器的外形

### 2. 电源锁

电源锁也叫电源开关，它是电动自行车电源的总开关，又可将方向把牢牢锁住。常用的电源锁的外形如图 1-19 所示。

图 1-19　电源锁的外形

### 要诀 5

控制附件很关键，弄懂结构容易检，
调速转把需要慢，快速拧动有危险，
分类霍尔和光电，霍尔转把最常见。
闸把有什么特点，能制动来能断电。
助力传感器 3 根线，黑地红色是电源，
绿色就是信号线，认真领会记心间。

### 3. 喇叭

电动自行车常用喇叭如下。

(1) 多功能电喇叭

多功能电喇叭有闪光蜂鸣、报警和喇叭三种功能，引接线较多。多功能电喇叭的外形如图 1-20 所示。

(2) 金属喇叭

金属喇叭有两个接线片，无极性，一般有 12V、36V 和 48V 三种规格。金属喇叭的外形如图 1-21 所示。

(3) 塑料电喇叭

塑料电喇叭有两根引线，无极性，一般有 36V 和 48V 两种规格。塑料电喇叭的外形如图 1-22 所示。

图 1-20　多功能电喇叭的外形

图 1-21　金属喇叭的外形

图 1-22　塑料电喇叭的外形

### 4. 灯光开关

电动自行车豪华车型常用的灯光等开关如下。

(1) 照明开关

照明开关用于控制夜间照明和发出行车信号。其外形如图 1-23 所示。

(2) 变光开关

变光开关也叫远近光开关，用于大灯远近光变换。其外形如图 1-24 所示。

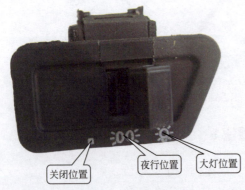
图 1-23　照明开关的外形

图 1-24　变光开关的外形

(3) 转向开关

转向开关用于控制左转和右转信号，其外形如图 1-25 所示。

### 5. 仪表

电动自行车常用仪表的外形如图 1-26 所示。

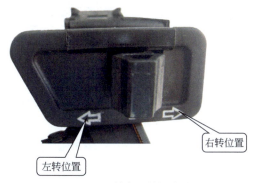

图 1-25　转向开关的外形

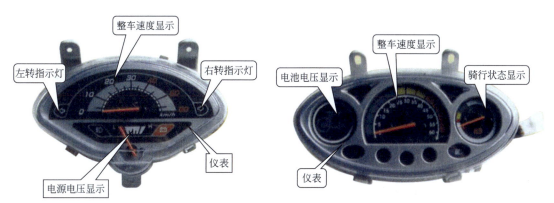

图 1-26　电动自行车常用仪表的外形

### 6. 电压转换器

电压转换器的作用是将蓄电池 30～60V 的电压变换为 12V 的直流电，供信号和照明系统使用。常用电压转换器的外形如图 1-27 所示。

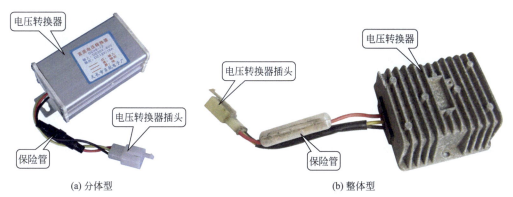

(a) 分体型　　　　　　　　　　　　　　(b) 整体型

图 1-27　常用电压转换器的外形

### 7. 空气开关

空气开关相当于熔断器，当负载过大或短路时可自动跳闸而切断电源，保护后级电路不被损坏。空气开关跳闸后可人工复位，可多次使用。空气开关常串联在蓄电池组总电源线路中，有一进一出（无方向性），也有一进二出（适合控制器电源有三根线的情况）。其常见故障为内部触点烧蚀，由于该空气开关属密闭器件，损坏时无法修复，应予以更换。空气开关的外形和内部结构如图 1-28 所示。

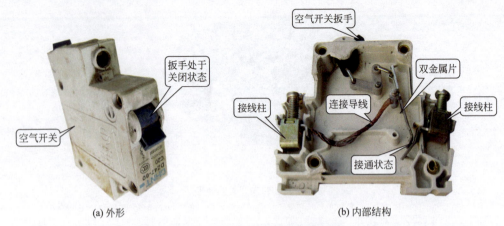

图 1-28　空气开关的外形和内部结构

#### 8. 闪光器

闪光器用于转向灯电路中，通过内部电路的接通或闭合，而使转向灯和转向指示灯发出明暗相间的闪光，提醒行人和行车注意，以保证行车安全。

（1）额定电压为 36V 或 48V

B 端为正极，L 端为负极。额定电压为 48V 的闪光器外形如图 1-29 所示。

（2）额定电压为 12V

一般有 2 根引线，红线为正极，黑线为负极。另外还有 3 根引线，黑线为负极，红线为正极，余下一根接转向开关控制器线。额定电压为 12V 的闪光器外形如图 1-30 所示。

图 1-29　额定电压为 48V 的闪光器外形　　　图 1-30　额定电压为 12V 的闪光器外形

#### 9. 三点开关

三点开关常用于轻便电动自行车，三点开关是大灯、转向灯和喇叭的三合一开关，它位于车把上。大灯开关有 2 根引线，即黑、红线；转向开关引线有 3 根，即黄、灰、绿线；喇叭开关引线有 2 根，即棕、白线。常用三点开关的外形如图 1-31 所示。

### 七、机械元件

#### 1. 锁具

电动自行车常用锁具的种类和外形如图 1-32 所示。

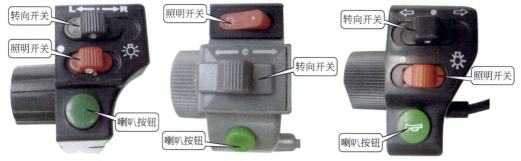

图 1-31　常用三点开关的外形

## 要诀 6

电气元件很重要，结构组成要记牢，
防盗报警器不可少，吓得盗贼到处跑，
电源锁即电源开关，牢牢锁着方向把，
喇叭种类多又多，多功能电喇叭性能良好，
灯控开关有哪些，照明、变光、转向好，
仪表精美人人夸，豪华电摩都想要，
电压转换器很重要，空气开关不可少，
闪光器出转弯信号，行人看到马上懂，
三点开关 7 根线，轻便电车上面找。

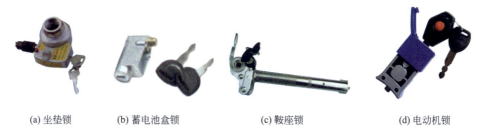

(a) 坐垫锁　　(b) 蓄电池盒锁　　(c) 鞍座锁　　(d) 电动机锁

图 1-32　常用锁具的种类和外形

### 2. 中、后减震器

减震器的作用是减缓路面的冲击和震动，保持乘骑人员舒缓。常用的中、后减震器如图 1-33 所示。

(a) 中间减震器(用于中间支承)　　(b) 后减震器(用于普通车或豪华车的后支承)

图 1-33　常用的中、后减震器

### 3. 前减震器

电动自行车常见前减震器如图 1-34 所示。

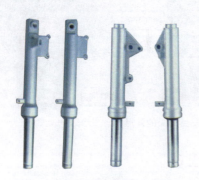
(a) 豪华车型前减震器

(b) 特殊车型前减震器

图 1-34　常见前减震器

### 4. 前叉

电动自行车常用前叉如图 1-35 所示。

(a) 踏板式电动自行车的前叉

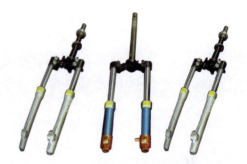
(b) 骑式电动摩托车和电动三轮车的前叉

图 1-35　常用前叉

### 5. 一般制动器

在电动自行车上常用的一般制动器有鼓式制动器、抱闸制动器和钳形制动器。一般制动器的外形如图 1-36 所示。

(a) 鼓式制动器

(b) 抱闸制动器

(c) 钳形制动器

图 1-36　一般制动器的外形

### 6. 液压制动器

随着车辆的高性能化，近年来，作为制动器发展的一项新技术，在豪华型电动自行车上装备液压盘式制动器将更加普遍。其外形如图 1-37 所示。

图 1-37　液压制动器

## 7. 轴承和八件碗

电动自行车常用的轴承和八件碗的外形如图 1-38 所示。

(a) 轴承(用于电动机轴端)　　(b) 八件碗(用于前叉和车架)　　(c) 压力轴承(用于前叉和车架)

图 1-38　轴承和八件碗的外形

## 8. 闸线

电动自行车常用闸线外形如图 1-39 所示。

(a) 后鼓刹线(用于后刹车)　　(b) 前鼓刹线(用于前刹车)　　(c) 刹线芯

图 1-39　常用闸线外形

## 9. 车架

车架的外形如图 1-40 所示。

(a) 悍将　　(b) 小沙　　(c) 超霸

图 1-40　车架的外形

### 要诀 7

机械部分很重要，组成部分不可少，
减震器减缓震荡，性能舒适都夸好，
方向把操纵前轮，控制方向有提高，
制动器来最重要，减速停车离不了，
车架作用是骨架，强度刚度都很高。

## 第三节　维修仪表的使用技巧

### 一、数字万用表的使用技巧

数字万用表的种类较多，但使用方法基本相同。现以 VC890D 型数字万用表为例加以说明。

#### 1. 操作面板

数字万用表的操作面板如图 1-41 所示。

（1）液晶显示屏

液晶显示屏是用来显示被测对象量值的大小，它可显示一个小数点和四位数字。

（2）挡位开关

挡位开关用于改变测量功能、量程以及控制关机。挡位开关如图 1-42 所示，有欧姆挡、二极管挡、电容挡、直流电流挡、交流电流挡、交流电压挡、直流电压挡等。

图 1-41　数字万用表的操作面板

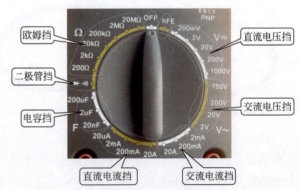

图 1-42　挡位开关

（3）插孔

操作面板上有 5 个插孔，"VΩ" 为红表笔插孔，在测量电压、电阻和二极管时使用；"COM" 为黑表笔插孔；"mA" 为小电流插孔，用于测量 0 ~ 200mA 电流时使用；"20A" 为大电流插孔，用于测量 200mA ~ 20A 电流时使用；右上部有三极管测试插孔，用于测量三极管相关参数时使用。插孔在操作面板上所处位置如图 1-43 所示。

#### 2. 检测技巧

（1）电阻阻值的检测技巧

① 测前准备。将红表笔插入 "VΩ" 插孔，黑表笔插入 "COM" 插孔。

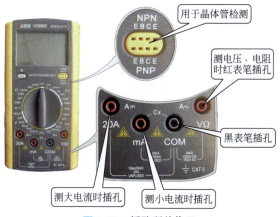

图 1-43 插孔所处位置

② 估值。估计被测电阻的阻值，以便选择合适的量程，所选量程应大于或接近被测电阻阻值。

③ 选择量程。根据估计被测电阻阻值来选择量程。

测量 200Ω 以下的电阻时，应选 200Ω 挡；
测量 200～1999Ω 的电阻时，应选 2kΩ 挡；
测量 2～19.99kΩ 的电阻时，应选 20kΩ 挡；
测量 20～199.9kΩ 的电阻时，应选 200kΩ 挡；
测量 200～1999kΩ 的电阻时，应选 2MΩ 挡。
测量 2～19.99MΩ 的电阻时，应选用 20MΩ 挡。

由于该电阻标称阻值为 200kΩ，故选择万用表欧姆挡上的 200kΩ 挡。

④ 测量。将黑、红表笔分别接在被测电阻两端（不分极性），此时显示屏上即可显示被测电阻的阻值。如挡位为 200kΩ，此时显示屏显示"119.6"，表明被测电阻阻值为 119.6kΩ。检测技巧如图 1-44 所示。

若显示屏显示"1."，表明断路（即电阻为无穷大）；若显示屏显示"0.00"，表明短路（即电阻为零）。

## 要诀 8

电阻阻值啥测好，测量办法很重要，
测前准备做得好，表笔千万要插牢，
首先估值要做到，选择量程不可少，
黑红表笔接得好，显示屏数值马上有。

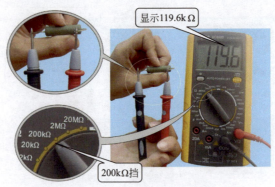

图 1-44  电阻的检测技巧

（2）直流电压的检测技巧

① 测前准备。将红表笔插入"VΩ"插孔，黑表笔接入"COM"插孔。

② 估值。估计被测电路电压的最大值，以便选择合适的量程。

③ 选择量程。选取比估计电压高且接近的量程，测量结果才准确。

 提示

测量 200mV 以下的电压时，应选用直流电压 200mV 挡；

测量 200mV ~ 1.9V 的电压时，应选用直流电压 2V 挡；

测量 2 ~ 19.9V 的电压时，应选用直流电压 20V 挡；

测量 20 ~ 199.9V 的电压时，应选用直流电压 200V 挡；

测量 200 ~ 999.9V 的电压时，应选用直流电压 1000V 挡。

由于单体蓄电池的端电压为 12V，故选择万用表的直流电压 20V 挡。

④ 测量。将红表笔接电源正极或高电位端，黑表笔接电源负极或低电位端，使表笔与被测电路接触点稳定接触，其电压数值可以在显示屏上直接读出。若显示屏显示"11.18"，则表明所测电压为 11.18V。检测技巧如图 1-45 所示。

 提示

若显示屏显示"1."，则表明量程较小，应适当增大量程进行检查。若数值左侧出现"—"，则表明表笔极性与电源极性相反，此时黑表笔所接的是电源的正极。

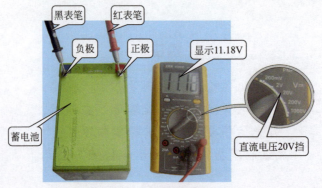

图 1-45  直流电压的检测技巧

(3) 交流电压的检测技巧

交流电压与直流电压的测量基本相同，所不同的有以下几点。

① 测量交流电压时，应将挡位开关置于交流电压量程范围。

② 测量交流电压时，黑、红表笔无方向性，可随便接入电路。

(4) 直流电流的检测技巧

① 测前准备。将黑表笔插入"COM"插孔，若被测电流小于 200mA，红表笔应插入"mA"插孔；若被测电流在 200mA～20A 时，红表笔应插入"20A"插孔。

② 估值。估计被测电路中电流的最大值，以便选择合适的量程。

③ 选择量程。选取比估计电压高且接近的量程，测量结果才准确。

**提示**

测量 20μA 以下的电流时，应选直流电流 20μA 挡；

测量 20μA～1.9mA 的电流时，应选直流电流 2mA 挡；

测量 2～199mA 的电流时，应选直流电流 200mA 挡；

测量 200mA～20A 的电流时，应选直流电流 20A 挡。

④ 测量。将被测电路断开，红表笔接在高电位端，黑表笔接在低电位端（即将万用表串联在电路中），万用表显示屏显示的数值即是被测电路中的电流值。如挡位在 200mA 位置，读数为"128.4"，则所测电流为 128.4mA。

(5) 交流电流的检测技巧

交流电流和直流电流的检测技巧基本相同，所不同的有以下几点。

① 测量交流电流时，应将挡位开关置于交流电流量程范围。

② 测量交流电流时，黑、红表笔无方向性，可随便接入电路。

(6) 二极管的检测技巧

该万用表设置有二极管挡，用来检测二极管、晶体管的极性和好坏。现以测量二极管极性为例讲述该挡的使用方法。

① 测前准备。将红表笔插入"VΩ"插孔，黑表笔插入"COM"插孔中。

② 挡位选择。将挡位开关调到二极管挡。

③ 测量。将黑、红表笔分别接到被测二极管的引脚上，此时万用表显示屏将显示一定数值，若显示".505"，即正向导通电压为 0.505V，黑表笔所接的引脚为二极管的负极。将黑、红表笔对调后，显示屏显示数字"1."。由此判定，在显示屏显示数字"1."时，黑表笔所接引脚为二极管的正极，红表笔所接引脚为二极管的负极。检测技巧如图 1-46 所示。

**提示**

测量二极管的理论依据是二极管具有单向导电性。

## 要诀 9

测量二极管要心细，电阻小为正向值，

几千欧电阻不稀奇，阻值越小越好哩，
电阻大为反向值，红笔所接为正极，
接近无穷不可疑，阻值越大越良好，
正反阻值相对比，相差越大越良好，
无穷和零正反值，断路击穿便可弃，
相差较小正反值，二极管失效要注意。

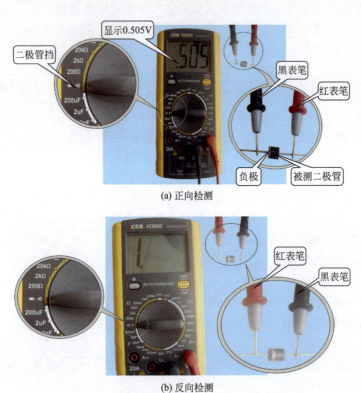

图 1-46 二极管的检测技巧

（7）电容容量的检测技巧

① 测前准备。将红表笔插入"mA"插孔中，黑表笔插入"COM"插孔中。
② 估值。估计被测电容器的容量大小，以便选择合适的量程。
③ 选择量程。选取比估计容量高且接近的量程，测量误差才小。

> **提示**
>
> 测量 20nF 以下的容量时，应选择 20nF 挡；
> 测量 20nF ~ 1.99μF 的容量时，应选择 2μF 挡；
> 测量 2 ~ 199.9μF 的容量时，应选择 200μF 挡。

④ 测量。电解电容器的检测应将红表笔接正极，黑表笔接负极，此时显示屏显示的数值即是被测电容器的容量。如选择 200μF 挡，测量电容器容量时显示屏显示数字为"33.6"，则被测电容器容量为 33.6μF。检测技巧如图 1-47 所示。

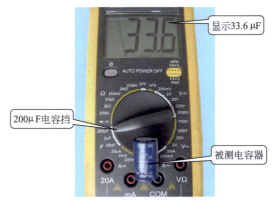

图 1-47 电容器容量的检测技巧

 提示

无极性电容器由于无极性之别，故检测时黑、红表笔不分正负。

## 二、无刷电动机霍尔检测仪

无刷电动机霍尔检测仪的外形如图 1-48 所示。

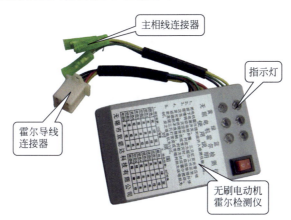

图 1-48 无刷电动机霍尔检测仪

### 1. 测电动机绕组

用本测试仪的三个子弹头连接好电动机绕组（电动机的三根粗线，无需考虑颜色和顺序，可以随意连接），如图 1-49 所示。然后顺时针转动电动机，可以看到测试仪上第一排三个指示灯点亮且闪烁，这样即为正常；如果有一个或两个、三个不亮即有故障（其中哪个指示灯不亮，那么这一组绕组即有故障或者接触不良）。

### 2. 测霍尔相序

（1）60°电动机　用本测试仪的六芯插头连接好电动机的六芯插件（电动机的五根细线，颜色为红、黑、黄、绿、蓝），如图 1-50 所示。除了红、黑必须正确连接以外，其他可以随意连接，然后缓缓顺时针转动电动机，可以看到测试仪的第二排三个指示灯交替发光，如果从左到右黄、绿、蓝三个指示灯状态变化为：亮暗暗→亮亮暗→亮亮亮→暗亮亮→暗暗亮→暗暗暗六个状态循环，此时记住测试仪黄、绿、蓝三根细线的正确顺序状态对应电动机的三

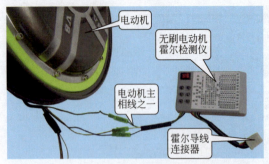

图 1-49 无刷电动机霍尔检测仪与电动机的连接

图 1-50 无刷霍尔检测仪与电动机的连接

根细线的颜色顺序,此颜色顺序即为霍尔黄、绿、蓝的相序。如果状态变化顺序相反,则随意调换黄、绿、蓝中的任意两根引线。

(2) 120°电机　用本测试仪的六芯插头连接好电机的六芯插件(电机的五根细线,颜色为红、黑、黄、绿、蓝),除了红、黑必须正确连接以外,其他可以随意连接,然后缓缓顺时针转动电机(沿电动车正常前进方向),可以看到测试仪的第二排三个指示灯交替发光,如果从左到右黄、绿、蓝三个指示灯状态变化为:亮暗暗→亮亮暗→亮亮亮→暗亮亮→暗暗亮→暗暗暗六个状态循环,此时记住测试仪黄、绿、蓝三根细线的正确顺序状态对应电机的三根细线的颜色顺序,此颜色顺序即为霍尔黄、绿、蓝的相序。如果三个指示灯状态变化顺序相反,则随意调换黄、绿、蓝中的任意两根引线。

### 3. 测绕组相序

通过以上检测,已经知道霍尔黄、绿、蓝相序,颜色顺序完全一致,因此绝大多数厂家的电机绕组相序和霍尔相序颜色现在已经确定。但是有的电机厂家的电机绕组相序和霍尔相序颜色顺序不一致(有的相反,有的完全没有规律),那么只要将该被测电机与标准控制器相连接。再通过最多六次的不同接法(改变绕组)来判断电机绕组顺序(正确时电机运转平稳,无噪声,空载电流较小,一般不超过 1A)。这样所有厂家的电机绕组相序和霍尔相序颜色顺序就可以确定了。

检测仪电源接通时,发光管不亮或低亮时,应用万用表测量检测仪的电压,即红、黑二线的电压,低于 4.2V 时,应更换内部电池(3 节 5 号电池)。

## 三、兆欧表(500V 直流)

兆欧表(也叫摇表)是用来测量电动机绕组绝缘电阻的仪表,其外形如图 1-51 所示。

测量电动机绕组的绝缘电阻时,将兆欧表的两根测量导线分别跨接在电动机绕组引线与地(电动机外壳)之间,用手均匀地摇动兆欧表的摇柄,当兆欧表的指针稳定地停止在某一位置时,指针指示的数值就是电动机绕组的绝缘电阻,如图 1-52 所示。

### 要诀 10

> 兆欧表功能要注意,专测绝缘电阻哩,
> 用表测量电动机,接在绕组引线与地间,
> 均匀地摇动手柄,表针指示稳定值,
> 此时数值不用疑,就是绝缘电阻值。

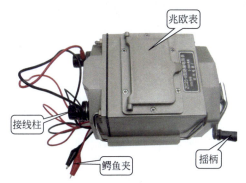
图 1-51 兆欧表的外形

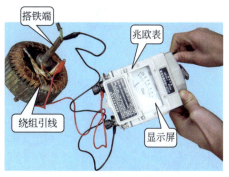
图 1-52 电动机绕组绝缘电阻的测量

> **提示**
>
> 测量电动机绕组的绝缘电阻时,对于无刷电动机应将该电动机的 3 根主相线与控制器脱开,有刷电动机的正、负极线也应与控制器脱开。

兆欧表使用的注意事项如下。

① 兆欧表在使用时必须平放。

② 在使用兆欧表前先转动几下,看一看指针是否停在"∞"位置,然后短接该表的两根测量导线,慢慢转动兆欧表的摇柄,查看指针是否在"零"处。

③ 兆欧表必须绝缘良好,两根测量导线不要绞在一起。

④ 用兆欧表进行测量时,以转动 1min 后的读表为准。

⑤ 在测量时,应使兆欧表转速达到 120r/min。

⑥ 兆欧表的量限往往可达到几千欧,最小刻度在 1MΩ 左右,因此不适合测量 100kΩ 以下的电阻。

# 第二章 电动机和控制器的结构和原理

## 第一节 电动机的结构和原理

电动机的种类繁多,结构各异。目前,电动自行车最常用的电动机有:有刷无齿电动机、无刷无齿电动机、有刷有齿电动机和无刷有齿电动机。

### 一、有刷无齿电动机的结构

有刷无齿电动机的种类较多,常见有刷无齿电动机的外形如图 2-1 所示。现以目前最常用的有刷无齿电动机为例加以说明。

图 2-1 常见有刷无齿电动机的外形

有刷无齿电动机主要由转子绕组、定子磁钢、左右侧盖、碳刷、换向器、电动机轴和轴承等组成,其结构如图2-2所示。有刷无齿电动机属于低速电动机,由于转子在电动机外部,故称之为外转子式电动机。

#### 1. 转子绕组

转子绕组的作用是通电后产生的磁场与定子磁钢的磁场相互作用而驱动转子转动。转子绕组与换向片相连,经换向器和碳刷与外电路连通。绕组绕在线圈支架上,支架上的槽数一般为 39~57 个。转子结构如图 2-3 所示。

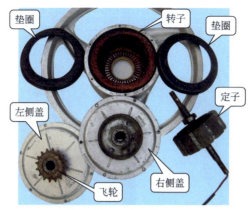

图 2-2 有刷无齿电动机的结构

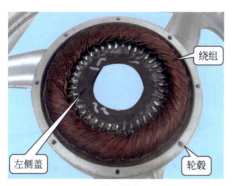

(a) 转子绕组

(b) 转子铁芯

图 2-3 转子结构

### 电机散热的意义

电机工作时,电流从其内部线圈流过,因为铜线存在电阻而有一定的电能损耗,损耗的部分以热的形式表现出来。若电机内部的温度过高,将导致磁钢失磁,致使电机运转无力、工作效率下降;当电机温度高出一定数值时,会烧坏绕组的绝缘漆膜,使相邻绕组之间短路,导致电流增大而烧毁绕组。所以,电机需要通过外壳和辐条等向外部散热,确保电机温度不超过一定数值,从而保护电机安全工作。

### 2.定子磁钢

定子磁钢片粘接在定子支承体上,一般为5～7对。其作用是在电动机转子与定子的气隙内产生足够的磁场强度,并与通电后的转子绕组产生的磁场作用而产生扭矩,驱使电动机转子转动。定子外形如图2-4所示。

### 3.碳刷

有刷电动机上一般装有1对或2对碳刷。按碳刷输出极性的不同可分为正极碳刷和负极碳刷。碳刷在碳刷弹簧弹力的作用下,贴靠在换向片上。碳刷的横截面为梯形,但也有矩形的情况。碳刷外形如图2-5所示。

图 2-4　定子外形

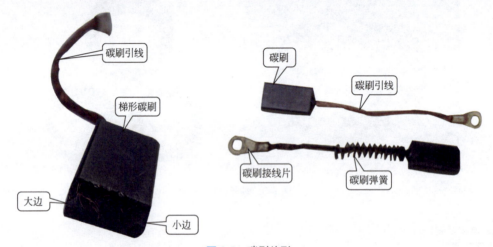

图 2-5　碳刷外形

> **知识拓展**
>
> **碳刷质量的辨别**
>
> 优质碳刷中采用了合金材料，其表面颜色发黑并带有金黄色泽，不容易被磨损，当与其他物体接触时，不会留下黑色痕迹。而劣质碳刷表面粗糙，其表面暗淡无光泽，很容易被磨损，当与其他物体轻轻接触便会留下黑色痕迹，甚至用手捏拿后，会把手染黑。
>
> 优质碳刷的引线是与刷体压铸在一起的多丝纹股铜导线，线径粗且不易与刷体分离。劣质碳刷的引线较细且容易脱离，若使用劣质的导电材料，会造成较大的电能损耗。

### 4. 换向器

换向器由多个端面呈梯形的铜质换向片，沿换向器支架板沿四周均匀分布。为防止换向片间短路，用云母绝缘。换向器外形如图 2-6 所示。

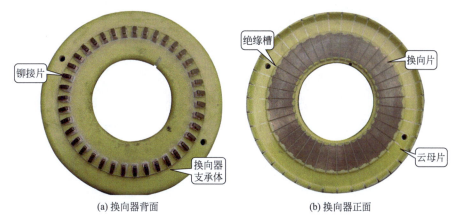

图 2-6 换向器外形

### 5. 碳刷架

碳刷架上有 2 个或 4 个碳刷盒,用来安放碳刷,同时对碳刷移动起导向作用。碳刷盒截面有的呈梯形,有的呈矩形,选择安装碳刷时应注意。在碳刷架的另一侧有 2 个碳刷引线接线柱,一个是正极,一个是负极。连接电动机和碳刷引线时,切勿装错,否则电动机会反转。碳刷架如图 2-7 所示。

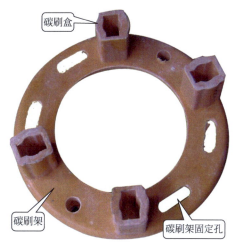

图 2-7 碳刷架

## 二、无刷无齿电动机的结构

无刷无齿电动机的种类较多,它是目前电动自行车最常用的电动机类型,该电动机的外形如图 2-8 所示。现以具有数码、发电、变频功能的无刷无齿电动机为例加以说明。

无刷无齿电动机主要由转子磁钢、定子绕组、轴承和左右侧盖等组成,其结构如图 2-9 所示。无刷无齿电动机也属于低速电动机,无刷无齿电动机的转速控制系统的造价比有刷有齿电动机转速控制系统要高,且转速控制系统在使用中容易发生故障。

无刷无齿电动机的折装

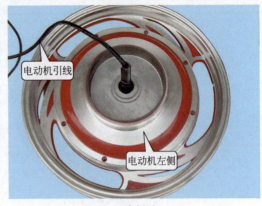

(a) 右侧面　　　　　　　　　　　　(b) 左侧面

图 2-8　常见无刷无齿电动机的外形

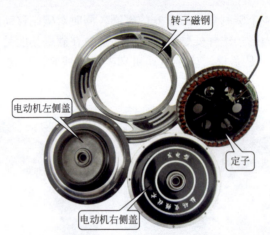

图 2-9　无刷无齿电动机的结构

### 1. 转子磁钢

转子磁钢是电动机的磁能来源，用以与通电绕组产生的磁场作用而产生磁力，驱动电动机转动。该种电动机使用黏合剂将磁钢与转子固定。转子磁钢如图2-10所示。

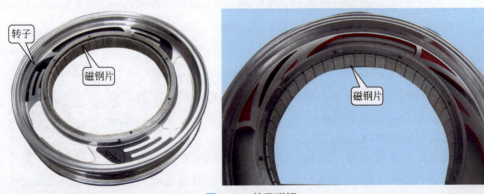

图 2-10　转子磁钢

### 2. 定子绕组

定子绕组通过一定的规律镶嵌在绕组的支承体中的槽内而形成三相绕组。三相绕组的接线常采用星形连接。定子绕组的结构如图2-11所示。

(a) 定子铁芯  (b) 定子外形

图 2-11 定子绕组的结构

> **提示**
>
> 绕组的作用是通电后在电动机转子与定子的气隙内产生足够的磁场,并与永久磁钢相作用而产生转矩,驱使电动机转动。

## 要诀 11

有刷无齿发动机,种类繁多结构似,
电机什么组成的,转子磁钢和定子,
电机结构要熟记,维修之时需用到。

## 三、有刷有齿电动机的结构

有刷有齿电动机又称有刷高速电动机,其外形如图 2-12 所示。有刷有齿电动机采用碳刷作为电动机电源的两个触点,利用调速转把和控制器来控制,并通过齿轮二次减速和超越离合器以达到无级变速。有刷有齿电动机的减速齿轮强度较高,耐磨性好,故返修率较低。

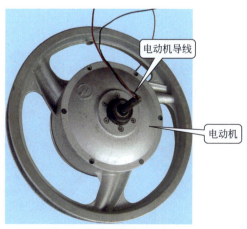

图 2-12 有刷有齿电动机的外形

有刷有齿电动机属于轮毂式电动机。它由转子盘形电枢、磁钢、换向器、碳刷、减速机构、棘齿离合器等组成，其结构如图2-13所示。

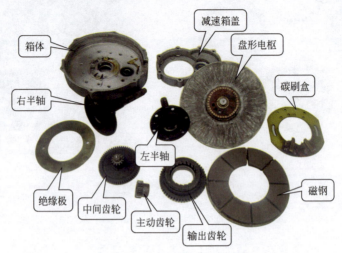

图2-13 有刷有齿电动机的结构

有刷有齿电动机属于高速电动机，即通过齿轮减速机构，将电动机转速降低、转矩增加（国标规定电动自行车行驶速度不得超过20km/h，故电动机转速应保持在3600r/min左右）。

> **提示**
>
> 该类电动机通过齿轮减速，启动时强劲有力，而且爬坡能力较强。电动机和蓄电池寿命减短。由于电动机轮毂是封闭的，用户很难进行日常保养，在出厂前加注润滑油（剂）能维持电动机长期工作的需要，结果一年之内会因润滑不良而导致齿轮磨损加剧，机械噪声增大，使用电流也会加大，最终影响电动机和蓄电池的使用寿命。

### 1. 转子盘形电枢

转子盘形电枢的绕组呈放射状排列，绕组线圈由两层或两层以上的偶数层构成，层间有绝缘，各绕组的端头集中在盘的中心部位并按一定的规律与换向片相连。转子盘形电枢的外形如图2-14所示。

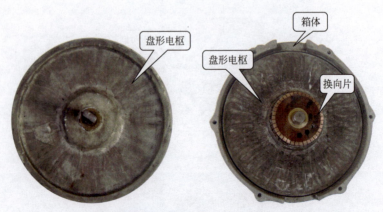

图2-14 转子盘形电枢的外形

## 2. 定子磁钢

定子磁钢的磁钢排列是按 S、N 极沿圆周分布。它与盘形电枢相互作用而驱使电动机转动，一般情况下不易损坏（除机械损坏）。定子磁钢的结构如图 2-15 所示。

图 2-15　定子磁钢的结构

## 3. 换向器和碳刷

换向器由许多换向片围合而成。电枢绕组的各线圈按一定顺序与换向片相连，电动机外部的直流电经碳刷和换向器到达电枢绕组，电枢绕组所产生的磁场与定子磁钢作用而产生扭矩驱动电枢转动。换向器和碳刷的外形如图 2-16 所示。

图 2-16　换向器和碳刷的外形

## 4. 减速机构

减速机构的作用是将转子盘形电枢输出的转速下降、扭矩增加，驱动电动自行车前进。减速机构的结构如图 2-17 所示。

图 2-17　减速机构的结构

> **提示**
>
> 减速机构由主动齿轮、中间齿轮和被动齿轮等组成。

### 四、无刷有齿电动机的结构（双核磁王型）

无刷有齿电动机是一种新型大扭矩电动机，常见的无刷有齿电动机的外形如图2-18所示。现以可迪爬山王侧挂无刷有齿电动机为例加以说明。

#### 要诀 12

有刷有齿电动机，结构复杂大家疑，
新型电机大扭矩，可迪爬山王中用，
无刷有齿高速电机，动力强劲不用提，
重要特点爬坡能力，豪华电摩中常用。

图2-18　无刷有齿电动机的外形

无刷有齿电动机属于高速电动机，它通过二次减速和超越离合器将转子转速下降、扭矩增加。该电动机具有动力强劲、爬坡能力强等特点。它主要由转子、定子、减速机构、超越离合器、减速箱体等组成，其结构如图2-19所示。

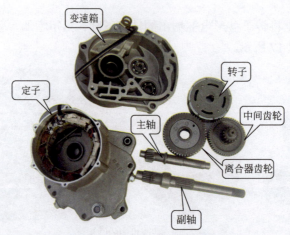

图2-19　无刷有齿电动机的结构

1. 转子

转子内孔有一个长键槽,用以与主轴结合。转子周围镶嵌 4 对磁钢,该磁钢 N 极与 S 极沿转子周围均匀分布,为防止去磁效应,磁钢的端部要加软磁材料做的极靴,以防止磁钢脱落。转子位置和结构如图 2-20 所示。

(a) 转子位置　　　　　　　　　　(b) 转子结构

图 2-20　转子位置和结构

2. 定子

定子主要由定子铁芯和定子绕组组成,用以在绕组通电后产生磁场。定子结构如图 2-21 所示。

图 2-21　定子结构

> 提示
>
> 定子铁芯用硅钢片叠成,其上有 12 个槽,用以安放三相定子绕组。每相定子绕组分别安放在相应的定子槽内,构成三相对称的绕组,以保证三相电动势互为 120° 的相位角。

3. 超越离合器

超越离合器实际是一个单向离合器,它由滚针轴承、星轮座组合、离合器齿轮组成。离合器齿轮通过滚针轴承安装在压入左箱体的钢套上,星轮座组合套在离合器齿轮上,内圈星轮座通过花键装在电动机轴上。超越离合器的位置和外形如图 2-22 所示。

(a) 超越离合器的位置　　(b) 超越离合器的外形

图 2-22　超越离合器的位置和外形

### 4. 减速机构

为增大后轮驱动力，提高电动机的适应性和经济性，故在电动机主轴与后轮之间还增设一个二级齿轮减速机构。该减速机构由主轴、中间齿轮、副轴、超越离合器齿轮（输出齿轮）等组成。减速机构如图 2-23 所示。

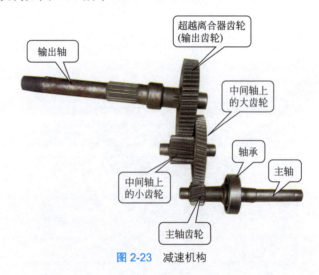

图 2-23　减速机构

> **知识拓展**
>
> 一级减速：电机主轴齿轮与中间轴上的大轴接合，由于主轴齿轮上的齿数少，而中间轴大齿轮上的齿数多，故主轴的高速转动经一级减速机构变为较低速、较大转矩。
>
> 二级减速：电机中间轴上的小齿轮与输出齿轮（超越离合器齿轮）接合，由于中间轴上的小齿轮齿数少，而输出齿轮（超越离合器齿轮）上的齿数多，故中间齿轮的相对高速转动经二级减速机构变为低转速、大转矩。

## 五、有刷电动机的简单工作原理

有刷电动机工作时，线圈和换向器转动，而铁芯、磁钢和碳刷不转。下面以有刷电动机模型图讲述有刷电动机的简单工作原理，如图 2-24 所示。

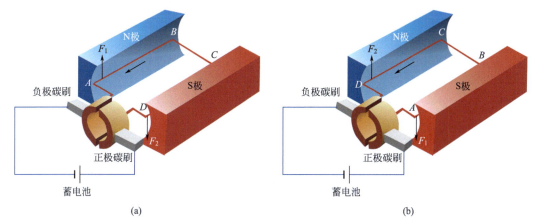

图 2-24 有刷电动机的简单工作原理

有刷电动机的理论依据是：通电导线在磁场中运动将受到磁场力的作用。导线受力方向可由左手定则来判定：伸开左手掌，大拇指与其余四指垂直，让手心垂直迎向磁力线，四指指向电流方向，那么大拇指所指的方向就是导线在磁场中的受力方向。

当线圈转动到如图 2-24（a）所示的位置时，电动机内、外电路的电流流动方向是：蓄电池正极→正极碳刷→换向片→线圈（按 $D$、$C$、$B$、$A$ 方向）→另一换向片→负极碳刷，最后回到蓄电池负极形成闭合回路。根据左手定则可知：导线 $AB$ 的受力 $F_1$ 方向向上，$BC$ 和 $AD$ 导线不受力，导线 $CD$ 的受力 $F_2$ 方向向下，并且 $F_1$ 与 $F_2$ 大小相等、方向相反，所以，整个线圈受到顺时针方向的转矩作用而转动。

当线圈转动到线圈平面与磁力线方向垂直位置时，磁场对通电线圈不产生力的作用，但由于惯性的作用，可以使线圈通过无作用力这一盲点。

当线圈转动到如图 2-24（b）所示位置时，线圈中的电流方向正与如图 2-24（a）所示电流方向相反，线圈所受到的转矩作用仍按顺时针方向转动。这样当蓄电池连续对电动机供电时，电枢绕组就会按一定方向不停地转动。

一个线圈在磁场中产生的转矩很小，并且转速也不平稳，因此，要使电动机达到较大的转矩，实现启动的目的，电枢绕组就需采用多匝线圈，换向片的数量也要成比例增加。

一般永久磁铁的磁性较弱，并且在使用过程中也会受到失磁的影响。

## 六、无刷电动机的简单工作原理

无刷直流电动机的简单工作原理如图 2-25 所示。无刷直流电动机多采用霍尔式传感器。图 2-25 为一个两相绕组、两对磁极的 4 极无刷直流电动机。

两相定子绕组 $L_1$、$L_2$ 分别绕在互成 90°角的 4 组铁芯上，每相绕组均由串接在相对铁芯上的两组线圈组成。绕组的导通由晶体管 $VT_1$、$VT_2$ 控制，其中 $VT_1$ 在低电平时导通、高电平时截止，$VT_2$ 在高电平时导通、低电平时截止。霍尔传感器装在定子两个相邻绕组之间。为了保证电动机在启动时初始转矩能顺利推动转子，霍尔元件的位置应避开定子和转子间电磁转矩在原理上的死点。图 2-25 中的状态，转子磁极 N 通过霍尔器件，由于霍尔效应，当有正方向磁场时，霍尔器件 H 产生低电平"0"，功率开关管 $VT_1$ 导通、$VT_2$ 截止，$L_1$ 通电，电流方向和产生磁场的 $I_1$、$\Phi_1$ 如图中上下箭头所示。$\Phi_1$ 与转子磁钢间产生的转矩如图中旋转箭头的方向。转子沿此方向继续转动，磁钢的 N、S 极也随之转动，到磁钢中性线对准霍

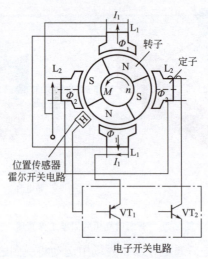

图 2-25 无刷电动机的简单工作原理

尔器件 H 时，H 输出高电平"1"，$VT_1$ 截止、$VT_2$ 导通，$L_1$ 断电、$L_2$ 通电，在此瞬间内定子和转子正好处于死点，二者间仅存在径向力、无切向推力，不存在转矩。转子继续转动到越过死点，S 极通过霍尔元件时，$L_2$ 中的电流产生的磁通 $\varPhi_2$ 与转子磁钢间产生的转矩使转子继续沿原方向转动，电动机完成一次换向循环。转子继续转动又进入下一个换向循环，如此反复，无刷直流电动机维持正常运行。

不难看出，原理图 2-25 的驱动电路是一个半桥开关电路，它的转矩脉动是很大的。如果将电路改为全桥，也就改进了控制方法，这时开关管将轮流正反方向换向，使电枢绕组 $L_1$、$L_2$ 也同时正反方向轮流通电，同时产生正反方向的磁场，但转矩却是同一方向，无刷直流电动机的转矩增加一倍。若增设磁钢和电枢绕组的对数，同时相应增加霍尔元件数量，开关电路中也增加功率管的数量，这就得到一台多极多相的无刷直流电动机，尽管此时电动机变得复杂、成本较高，但除转矩增加外，脉动却小多了。无刷电动机的原理框图如图 2-26 所示。

图 2-26 无刷电动机的原理框图

## 第二节　控制器的结构和原理

控制器可分为有刷控制器和无刷控制器。

### 一、有刷控制器的结构

#### 1. 有刷控制器的外形

有刷控制器的外形如图 2-27 所示，其外部引线功能如图 2-28 所示。

分体盒式控制器的拆卸

分体盒式控制器的安装

图 2-27　有刷控制器的外形

图 2-28　有刷控制器的引线功能

## 2. 有刷控制器的内部结构

有刷控制器的内部结构如图 2-29 所示。

(a) 正面

(b) 反面

图 2-29　有刷控制器的内部结构

## 3. 有刷控制器的内部元器件

有刷控制器的内部元器件如图 2-30 所示。

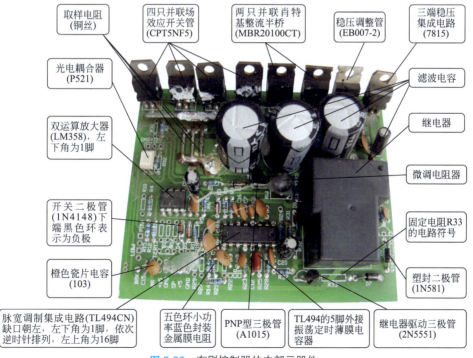

图 2-30　有刷控制器的内部元器件

## 二、有刷控制器的电路原理

现以采用单片机 AT89C2051 为核心的 36V 有刷控制器为例,讲解有刷控制器的电路原理,如图 2-31 所示。它的基本电路可分为以下几部分。

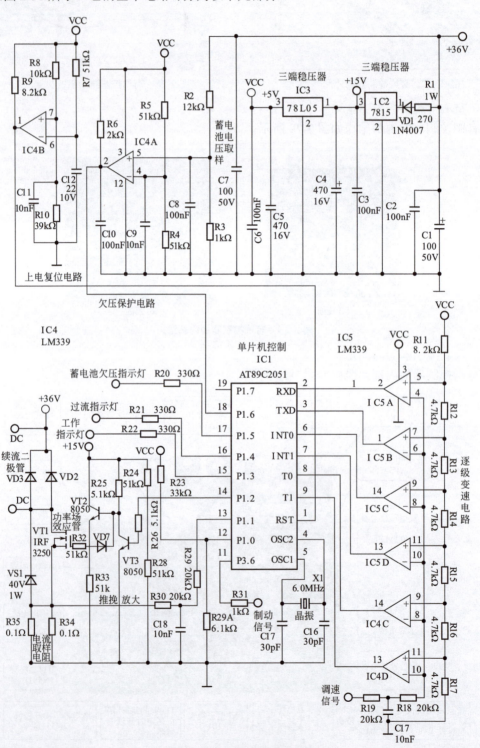

图 2-31 AT89C2051 有刷控制器电路

### 1. +15V 和 +5V 供电电路

+5V 用于 IC1、IC4、IC5 的工作电压，+15V 用于 VT2、VT3 等组成的信号放大电路的供电。由于蓄电池的电压为 36V，所以需要使用三端稳压器 IC2（7815）、IC3（7805）分别获取 +15V 和 +5V 电压。其工作过程为：+36V 由 C1、C2 滤波后经 R1 限流，通过防接反二极管 VD1 加到 IC2 输入端 1 脚，由 IC2 的 3 脚输出 +15V 电压并由 C3、C4 滤波；在 IC3 的 1 脚获得 +15V 供电电压，从 IC3 的 3 脚输出 +5V 电压，然后由 C5、C6 滤波后供给 IC1、IC4、IC5 的电源供电脚。

### 2. 复位电路

由于该控制器采用了单片机 AT89C2051，该芯片正常工作需要三个条件：5V 供电、时钟信号、复位电路。复位电路的作用主要是在通电瞬间将单片机上次工作断电前的状态清零，使单片机工作在初始状态，避免程序运行错乱。该控制器的复位电路由 IC4 和其外围元件构成。

在通电瞬间，由于电容两端的电压不能突变，故 +5V 电压经电阻 R7 向电容 C12 充电，这时 C12 两端电压近似于 0，IC4 的 6 脚电压低于 7 脚，1 脚输出的高电平加到 IC1 的复位 1 脚，向 IC1 提供复位电压。随着 C12 的充电，IC4 的 6 脚电压不断上升，当 6 脚电压高于 7 脚时，1 脚输出低电平，IC1 复位 1 脚也降为低电平，完成复位动作。

### 3. 激励脉冲信号产生

该控制器激励脉冲信号的产生主要由单片机 IC1（AT89C2051）来完成。单片机 IC1 得到供电后，其 4、5 脚输出电压使晶振 X1 振荡。该振荡脉冲经相关电路处理后向单片机提供工作时钟，在复位动作完成后，单片机正常工作，再将该振荡脉冲经过调制生成矩形激励脉冲信号，从 14 脚输出，同时 15 脚输出电压将工作指示灯点亮，表示单片机正常工作。

### 4. 电动机驱动电路

电动机驱动电路可分为信号放大电路和功率放大电路两部分。信号放大电路由 VT2、VT3 等元件构成。功率放大电路由功率场效应管 VT1 和周围元件构成。当 IC1 的 14 脚输出信号为低电平时，VT3 截止，VT2 的 B、E 极间获得正向偏压并开始导通。+15V 电压通过 VT2 的 C、E 极，经限流电阻 R32 加到功率场效应管 VT1 的栅极，这时 VT1 导通，36V 电压经过电动机绕组、VT1 的 D、S 极，取样电阻 R34、R35 到地形成闭合回路，电动机开始旋转。

当 IC1 的 14 脚输出信号为高电平时，VT3 导通，VT2 基极电压经过 VT3 的 C、E 极接地，VT2 截止，功率场效应管失去导通电压后也进入截止状态，电动机停止转动。为使 VT1 迅速进入截止状态，在 VT2 的发射极与 VT3 集电极间串接二极管 VD7，在 VT3 导通期间，VT1 栅极的残余电压经过 R32、VD7 和 VT3 的 C、E 极泄放到地。VD2、VD3 的作用是在 VT1 截止期间，将电动机绕组产生的反相电动势释放，保护功率场效应管 VT1 不被击穿。

### 5. 调速控制电路

调速控制电路由调速转把内的霍尔电路和 IC1、IC4、IC5 等元件构成。电动机的转速由 IC1 的 2、3、6、7、8、9 脚电压控制分为六种速度，此六脚的电压则分别受到 IC5 内的四电压比较器 IC5A、IC5B、IC5C、IC5D 和 IC4 内的两电压比较 IC4C、IC4D 控制。这六个电压比较器的参考电压由取样电阻 R11～R17 分压得到（IC5 的 5 脚参考电压最高，7 脚次之，9 脚稍低于 7 脚，以此类推，IC4 的 11 脚参考电压最低）。故当转动调速转把，霍尔电路产生的直流控制电压由低变高时，六个电压比较器依次输出低电平信号，使 IC1 的 2、3、6、7、8、9 脚也随之变为低电平，若该六脚全部为低电平时，IC1 输出的矩形激励脉冲占空比最大，场效应管VT1的导通时间最长，车速最高。若仅有9脚是低电平时，车速最低。若9、8脚都是低电平时，车速稍高，每增加一脚为低电平，车速递增一次。若调速转把的霍尔电路输出的直流控制电压逐渐升高，相应地，IC1的控制脚按照9→8→7→6→3→2的顺序降为低电平，车速逐级升高。反之，当霍尔电路产生的直流控制电压由高变低时，IC1的控制脚按2→3→6→7→8→9的顺序变为高电平，车速逐渐降低，从而实现了调速控制。

### 6. 制动控制电路

制动控制电路由闸把开关，限流电阻R31和IC1内部电路构成。当握紧闸把时，闸把开关导通，IC1的11脚的电压经过R31和闸把开关接地，IC1的11脚降为低电平，单片机受控关闭。这时14脚的激励脉冲信号输出，场效应管VT1截止，电动机停止转动，制动后带动制动钢丝拉紧抱闸，完成制动动作。

### 7. 过流保护电路

正常情况下，取样电阻R34、R35上流过的电流较小，其两端产生的压降较低，通过R30、R29加到IC1的13电压极小，单片机内部的过流检测电路不动作。当功率场效应管导通电流过大时，R34、R35两端的电压较高，通过R30、R29使IC1的13脚电压高出电流检测电路的阀值，单片机关闭。这时IC1的14脚输出激励脉冲，场效应管VT1截止，电动机停转，实现过流保护动作。同时IC1的16脚输出电压将过流指示灯点亮，显示控制器处于过流保护状态。

> 提示
>
> 为避免因负载过大或其他原因使功率场效应管过流损坏，该控制器设计了过流保护电路。

### 8. 欠压保护

蓄电池电压经过R2、R3分压后加到IC4的5脚，其4脚的参考电压由R5、R4从+5V分压得到。当蓄电池电量较多时，IC4的5脚的电压高于4脚电压，2脚输出高电平，IC1的18脚也为高电平，单片机不动作。当蓄电池放电后电量下降，电压低到31.5V时，IC4的5脚电压低于4脚，IC4的2脚输出低电平，IC1的18脚也降为低电平，单片机将14脚输出的激励脉冲关闭，场效应管VT1截止，电动机停止转动，从而实现了欠压保护。同时IC1的17脚输出电压将蓄电池欠压指示灯点亮，显示控制器处于欠压保护状态。

场效应管的检测技巧

> 提示
>
> 蓄电池在电量不足的情况下使用会导致过放电损坏，为避免这种情况发生，设计了欠压保护电路。

## 三、无刷控制器的结构

### 1. 无刷控制器的外形

无刷控制器的外形如图2-32所示。其外部引线功能如图2-33所示。

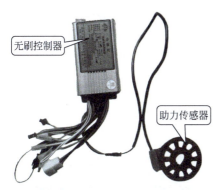

图 2-32 无刷控制器的外形

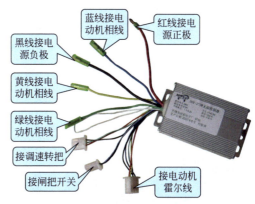

图 2-33 无刷控制器的外部引线功能

一般情况下，无刷电动机控制器输出引线颜色与所接器件对应关系见表 2-1。

■ 表 2-1 无刷电动机控制器输出引线颜色与所接器件对应关系

| 引线颜色和类型 | 所接器件 | 引线颜色和类型 | 所接器件 |
| --- | --- | --- | --- |
| 红线（粗） | 电源正极 | 红线（细）扁插头 B-1 | 调整转把电源 |
| 黑线（粗） | 电源负极（地线） | 黑线（细）扁插头 B-2 | 调整转把地线 |
| 蓝线（粗） | 电动机线圈 B 相 | 绿线（细）扁插头 B-3 | 调整转把信号线 |
| 黄线（粗） | 电动机线圈 A 相 | 细白线 | 限速开关 |
| 绿线（粗） | 电动机线圈 C 相 | 细白线 | 限速开关 |
| 红线（细）扁插头 A-1 | 电动机霍尔供电正极 | 细紫线 | 制动信号 |
| 黄线（细）扁插头 A-2 | 电动机霍尔输出 | 细黑线 | 制动信号 |
| 绿线（细）扁插头 A-3 | 电动机霍尔输出 | 细绿线 | 速度指示信号 |
| 蓝线（细）扁插头 A-4 | 电动机霍尔输出 | — | — |
| 黑线（细）扁插头 A-5 | 电动机霍尔供电负极 | — | — |

知识拓展

### 无刷控制器与无刷电机的正确连接

无刷控制器与无刷电机间一般有 8 根引线，即 3 根较粗的电机相线、5 根较细的霍尔线。其中细红线为霍尔电源线，细黑线为霍尔地线，其余黄、绿、蓝细线则为霍尔相线。

要将无刷控制器与无刷电机正确连接，首先保证电机霍尔电源线（红线 +5V）和地线（黑线）与控制器上对应的线的连接器接好。电机 3 根主相线（粗线）和 3 根霍尔相线（细线）与控制器的接法有 36 种。无刷控制器与 60° 相位角的无刷电机相连的正确接线有 2 种，一种正转，一种反转；无刷控制器与 120° 相位角的无刷电机相连的正确接线有 6 种，其中 3 种正转，3 种反转。若电机反转，则说明控制器和电机相位角是匹配的。

当控制器、电机 3 根主相线和 3 根霍尔相线的颜色不明确时，所采用最简单但较笨的方法是每种状态逐一试验。换接时可以不断电进行，但是要仔细，也要有一定的次序。切记每次接好后，转动调整转把转角不要太大，以免损坏控制器。若试验时，

电机抖动、噪声较大，则表明接线有误码。若出现反转情况，在知道控制器相序的情况下，只需将霍尔相线 a、c 互换，主相线 A、B 互换，即可正转。最终的验证方法：让电机高速运转，若电机不存在抖动和噪声很大现象，则表明接线正确。

### 2. 无刷控制器的内部结构

无刷控制器的内部结构如图 2-34 所示。

(a) 正面

(b) 反面

图 2-34　无刷控制器的内部结构

### 3. 无刷控制器内部元器件

无刷控制器内部元器件如图 2-35 所示。

用指针万用表检测
电容器 1

用指针万用表检测
电容器 2

用数字万用表检测
电容器

## 四、无刷控制器的电路原理

现以由 PWM 控制芯片 MC33033、LM358 和 NE555 等芯片组成的无刷控制器为例，讲述无刷控制器的工作原理。其电路如图 2-36 所示。

### 1. +15V 和 5V 供电电路

36V 电压由 C5、C6 滤波后，一路经防反接二极管 VD5 加到限流电阻 R4 左侧，由 R4 限流，两只稳压二极管并联稳压，输出 +5V 电压，并向闸把开关电路、调速电路以及电动机转子位置传感器提供工作电压。另一路由 R5 限流，15V 稳压二极管稳压，C7 滤波后输出 +15V 电压，向 MC33033 的 14 脚和 LM358 的 8 脚供电。

限流电阻 R4 的两端分别为 NE555 组成的振荡升压电路提供正负极电压。因 NE555 的工作电压正常为 15V，故由稳压管 VD3 和限流电阻 R3 将 NE555 的工作电压稳定在 15V 左右，NE555 的接地端电位均为 21V 左右，振荡升压后输出电压约为 51V 左右。

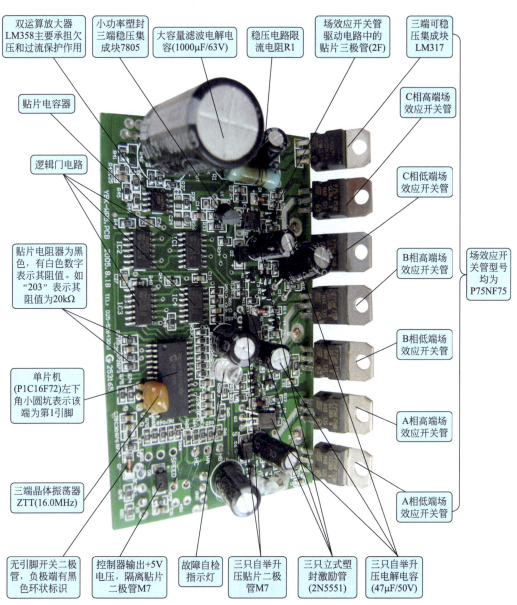

图 2-35 无刷控制器的内部元器件

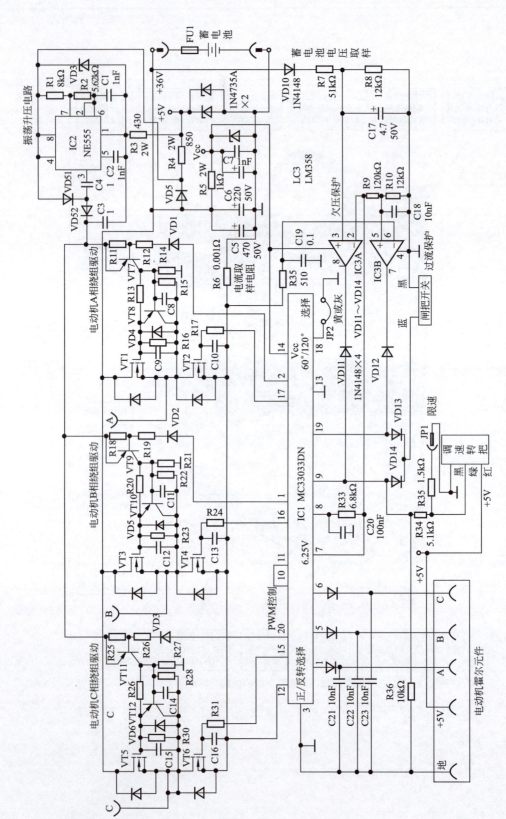

图 2-36 MC33033、LM358 和 NE555 组成的无刷控制器电路

## 2. 激励脉冲形成电路

IC1 的 14 脚得到 15V 电压供电后,其内部基准电压产生电路输出 6.25V 的基准电压,分别为内部的振荡器、RS 触发器、比较器、误差放大器等供电,并由 IC1 的 7 脚输出。IC1 的 8 脚外接的定时元件 R33、C20 与内部的振荡器电路产生振荡,生成锯齿波脉冲信号,通过该锯齿波脉冲控制 RS 触发器产生 3 个高端激励脉冲和 3 个低端激励脉冲信号。高端激励脉冲信号由 1、2、20 脚输出,低端激励脉冲信号由 15、16、17 脚输出。

## 3. 电动机驱动电路

电动机的三相绕组分别由三组相同的驱动电路驱动,在此以 VT7、VT8 等元件组成的一组电路为例加以说明。

当 IC1 的 2 脚输出低电平激励脉冲时,VT7 导通,VT8 截止,电流经 VT7 的 C、E 极通过 R13 加到 VT1 的栅极,使 VT1 导通。当 IC1 的 2 脚输出高电平激励脉冲时,VT7 截止,VT8 导通,将 VT1 栅极储存的电荷释放,使 VT1 迅速截止。

VT2 直接由 IC1 的 17 脚控制,17 脚输出高电平时,VT2 导通;17 脚输出低电平时,VT2 截止。

## 4. 电动机换相控制电路

> 提示
>
> 无刷直流电动机有三相绕组,为使电动机正常旋转,必须在其旋转过程中根据转子所处的位置,分别对三相绕组按一定顺序换相通电。该控制器的换相控制电路由电动机内部的霍尔电路和 IC1(MC33033)内部的转子定位解码器组成。

当 IC1(MC33033)的 9 脚输入启动电压后,IC1 开始输出激励脉冲信号,电动机开始旋转,这时电动机内的霍尔电路产生位置传感脉冲信号,经 C21~C23 滤波后送到 IC1 的 4~6 脚,由内部的转子定位解码器解码后,控制 MC33033 高、低端输出的激励脉冲信号相位。该信号经驱动电路放大后,驱动场效应管 VT1~VT6 按顺序工作在开关状态,电动机内的三相绕组按顺序得到驱动电流,开始正常旋转。

## 5. 调速控制电路

调速控制电路由调速转把中的霍尔电路和 IC1 的 9 脚相连的内部电路等构成。转动调速转把时,调速转把内部的霍尔电路产生高低变化的直流控制电压,经 R34 加到 IC1 的 9 脚。当霍尔电路输出的直流控制电压由低变高时,IC1 的 9 脚电压也随之升高,经过内部的电路处理后使 IC1 输出的激励脉冲信号占空比增大,VT1~VT6 的导通时间增长,流过电动机绕组的电流加大,电动机旋转速度加快,反之当霍尔电路产生的控制电压由高到低变化时,IC1 的 9 脚电压也降低,经内部电路处理使 IC1 输出的激励脉冲占空比减小,VT1~VT6 的导通时间减短,流过电动机绕组的电流减小,电动机旋转速度减慢,从而实现调速控制。

## 6. 过流保护电路

为避免因负载过大或其他原因造成 VT1~VT6 过流损坏,由 IC1 的 19 脚、LM358 和外围元件构成过流保护电路。另外取样电阻到 IC1 的 12 脚还有一路电流反馈,由 IC1 内部电路形成另一路过流保护。

VT2、VT4、VT6 的 S 极经过流取样电阻 R6 接地,R0 左端通过 R35 接到 IC3 的反相输入 6 脚,IC3 的 5 脚为参考电位。6.25V 电压经 R9、R10 分压得到。IC3 的 7 脚经 VD12 接到 IC1 的 19 脚。

在正常状态下，R6 两端压降很小，使 IC3 的 6 脚输出低电平，7 脚输出高电平，VD12 截止，IC1 的 19 脚不受影响。当负载过大或其他原因造成场效应管导通电流过大时，R6 两端压降增大，通过 R35 加到 IC3 的 6 脚，并使 6 脚电压超过 5 脚，7 脚输出低电平。这时，VD12 导通，使 IC1 的 19 脚电压被拉低，同时 IC1 的 12 脚也达到了保护电路动作的限定电压，判定场效应管过流，输出端停止输出激励脉冲信号，于是 VT1～VT6 截止，电动机停止转动，过流保护动作完成。

### 7. 欠压保护电路

蓄电池电压经 VD10 防反接二极管、R7、R8 分压取样，C17 滤波后，加到 IC3 的同相输入 3 脚，IC3 的 2 脚接 IC1 的 7 脚，并输出基准 6.25 V 电压，作为参考电压。蓄电池电压正常时，IC3 的 3 脚电压高于 2 脚，1 脚输出高电平，VD11 截止，IC1 的 9 脚电位不受影响。当蓄电池电压降低到终止电压时，IC3 的 3 脚电压低于 2 脚，1 脚输出低电平，VD11 导通，IC1 的 9 脚电压被拉低变为低电平，经内部电路处理后停止输出激励脉冲信号，VT1～VT6 截止，电动机停转，欠压保护完成。

二极管的检测技巧

> **提示**
>
> 蓄电池欠压保护电路由 LM358、MC33033 和蓄电池电压取样电路构成。在蓄电池端电压达到终止电压时欠压保护电路动作，使电动机停止转动，避免蓄电池过放电引起损坏。

### 8. 制动控制电路

制动控制电路由闸把开关和 IC1 的 9、19 脚的内部电路构成。当握紧闸把时，闸把开关导通，IC1 的 9、19 脚分别通过 VD13、VD14 经闸把开关对地导通，9 脚和 19 脚电位都变为低电平，其内部电路启控，输出端停止输出激励脉冲信号，VT1～VT6 截止，电动机停止转动，闸把进一步动作，拉动制动钢丝，抱闸闸紧，制动完成。

### 9. 限速电路

限速电路由限速开关、IC1 的 9 脚内部电路和 R34、R35 组成。当限速开关接通时，IC1 的 9 脚经 R34、R35 和限速开关接地，使调速转把内的霍尔电路产生的直流电压由 R35 分流后降低。此时 IC1 的 9 脚电平限定在一定的范围内变化，从而使 IC1 输出的激励脉冲信号占空比也限制在一定的范围内，来控制电动自行车的车速降低，只能在限定的速度内行驶。

无刷控制器缺相的故障检修技巧

## 第三节　控制器附件的结构和原理

### 一、调速转把

调速转把可分霍尔调速转把和光电调速转把两种形式。目前使用最广泛的是霍尔调速转把。霍尔调速转把通常使用的霍尔元件的型号有 3501、3508、3515、3516、3517、3518 等。

霍尔调速转把有单霍尔调速转把和双霍尔调速转把,其外形如图2-37所示,其内部结构如图2-38所示。

图2-37 霍尔调速转把的外形

图2-38 霍尔调速转把的内部结构

> **提示**
>
> 霍尔调速转把一般有三根引出线,红线为电源输入线,白、黄线为信号输出线,黑线接地线。其电源电压一般为+5V或+6.25V。

### 要诀 13

调速转把很重要,转动电车就会跑,
霍尔光电哪种好,霍尔转把常用到,
霍尔常用啥型号,35系列前文找。
霍尔转把3根线,输入线红色是电源,
黄或白色信号线,黑色就是接地线。

## 二、闸把

闸把是车轮制动和制动断电开关的手柄。握下闸把时,后制动器施力车轮停止,同时制动灯亮,使控制器输出至电动机的电压为零,电动机被迫停止转动,可达到车轮制动双保险。闸把可分为机械型闸把和电子型闸把。

### 1. 机械型闸把

目前常用的闸把是一种机械开关,有两根引线,一般红线接电源正极,黑线接电源负极。机械型闸把的结构如图2-39所示。

> **提示**
>
> 机械型闸把可分为常开型和常闭型,目前广泛使用的是常开型,其电源电压一般为+5V,也有+12V或+15V等。

### 2. 电子型闸把

电子型闸把有三根引线,一般红线为电源线,黑线为接地线,蓝线为输出信号线。电子型闸把的结构如图2-40所示。

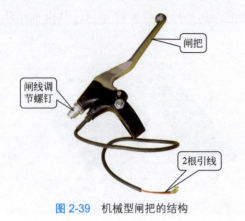

图 2-39 机械型闸把的结构

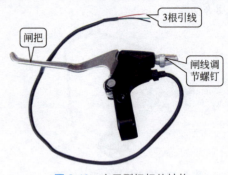

图 2-40 电子型闸把的结构

### 要诀 14

闸把作用是断电,制动车轮也要言,
握下闸把电机不转,车轮制动双保险,
机械闸把 2 根线,黑线接地红电源,
电子闸把 3 根线,黑地蓝信号红电源,
还有一句需要言,电子闸把选 +5V 电源。

> **提示**
>
> 电子型闸把电源为 +5V。

## 三、助力传感器

助力传感器的作用是在人力脚蹬助力下驱动电动机转动。它一般安装在右中轴旁,磁环装在中轴上并随中轴转动。磁环转动时,传感器感知转动信号后经模块整形、放大而形成脉冲助力信号并驱动控制器向电动机供电,电动机得电运转。助力传感器外形如图 2-41 所示。

### 要诀 15

助力传感器啥特点,脚蹬助力电机转,
它的端子 3 根线,每根线都有其特点,
黑地绿色信号线,红色线是 +5V 电源。

> **提示**
>
> 助力传感器有三根引线,即 +5V 电源线(红色)、信号输出线(绿色)和接地线(黑色)。

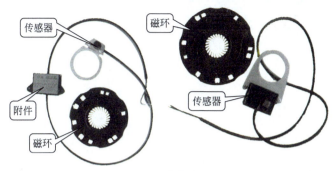

图 2-41　助力传感器外形

## 四、飞车保护器

控制器在使用过程中，若驱动功率管击穿损坏后，将使电动机绕组电流达到最大值，导致电动机转速最大，俗称"飞车"或"惊车"。为防止电动自行车飞车，在控制器上安装有飞车保护器。

# 第三章 蓄电池和充电器的结构和原理

## 第一节　蓄电池的结构和原理

蓄电池是电动自行车的动力之源。它通过正、负极之间的反应可将充电时的电能转化为化学能贮存起来，同时又能在放电时将贮存的化学能转化为电能。蓄电池的质量好坏直接影响电动自行车的续航里程。

### 一、铅酸蓄电池的结构

现以使用最广泛的 12V 铅酸蓄电池为例加以说明。

12V 单体铅酸蓄电池都是由 6 个单格电池组成，每个单格电池的额定电压为 2V。相邻两单格电池之间有间壁相隔，以保证各单格电池的独立性，同时又有联条把 6 个单格电池串联起来，成为一只 12V 单体铅酸蓄电池总成。

蓄电池主要由外壳、正极板、负极板、隔板、电解液、安全阀和极桩等组成。

蓄电池盒的拆装

#### 要诀 16

蓄电池结构要注意，各种品牌很相似，
电解液在外壳里，隔板隔离正负极，
安全阀和极柱记心里，几部分组成应牢记。

**1. 外壳**

外壳也叫容器，其结构如图 3-1 所示，它是用来贮盛电解液和正、负极板的，必须具有防止酸液泄漏、坚固、绝缘性能好、耐腐蚀、耐高温等条件。常用铅酸蓄电池的外壳材料有玻璃、塑料和硬橡胶，目前使用最多的是硬橡胶外壳。

外壳的内部分隔成 3 个或 6 个互不相通的单格电池槽（6V 铅酸蓄电池有 3 个单格，12V 有 6 个单格）。外壳的顶部有同材料的池盖。每一单格电池槽盖有 3 个或 6 个小孔，用来排气和加液，平时使用时可将孔盖拧紧。盖上有通气孔与外界大气相通；两个极桩孔，用于焊接极桩。外壳的内底部是凸筋，用来支持极板组，同时可以防止活性物质脱落而使正、负极板短路。

### 2.正、负极板

正、负极板的结构如图 3-2 所示，蓄电池的正、负极板在充电过程中，极板上的活性物质与电解液发生电化学反应。极板由栅架和铅膏涂料组成。铅膏涂料是由铅、锑与一定相对密度的稀硫酸混合而成，涂在正极板栅架上的涂膏叫阳铅膏；涂在负极板栅架上的涂膏叫阴涂膏。正极板上的活性物质为二氧化铅（$PbO_2$），呈暗棕色；负极板上的活性物质为海绵状的纯铅（Pb），呈暗灰色。

图 3-1 外壳的结构

图 3-2 正、负极板的结构

### 3.隔板

隔板的结构如图 3-3 所示，其作用是尽量缩小电池体积，使正、负极板靠拢，但又不至于接触短路，同时又防止极板弯曲变形和活性物质脱落，还能阻止正极板栅架上的锑离子向负极板迁移，以减小负极板的硫酸盐硫化和大量的自由放电。

图 3-3 隔板的结构

玻璃丝绵隔板必须具有高度多孔性、耐酸、耐热、不氧化、不变形、不含杂质以及亲水性良好等条件，并具有一定的机械强度。

> **提示**
>
> 隔板被称为蓄电池"第三电极"。它用以隔离正、负极，防止短路。作为电解液的载体，它能够吸收大量电解液，起到离子良好扩散（离子导电）的作用。对密封蓄电池而言，隔板还作为正极板产生氧气到达负极的"通道"，使其顺利地建立氧循环，减少水损失。采用超细玻璃纤维是让隔板式蓄电池实现免维护的关键。

### 4. 电解液

电解液如图 3-4 所示，电解液是用纯度高、无色透明的蓄电池专用硫酸（相对密度 1.84）和蒸馏水按一定比例配制而成的。电解液的作用是在充、放电过程中电离，使极板上的硫酸铅与电解液做可逆的电化学反应。

图 3-4 电解液

### 5. 安全阀

安全阀的结构如图 3-5 所示，它是蓄电池的关键部件之一，位于蓄电池的顶部。安全阀开启压力要求在 10～49kPa。当蓄电池内气压升高至 10～49kPa 时，阀门自动开启而排气；当蓄电池内气压降至 10kPa 以下时，阀门自动关闭，使蓄电池内保持一定正压，有利于氧气在负极的复合，防止空气进入蓄电池而增加负极的自由放电，同时也可防止蓄电池内水分损失。

图 3-5 安全阀的结构

 提示

> 安全阀作用概括为：安全、密封及防爆等。

安全阀的结构和类型较多，主要有帽状、伞状和片状等。

### 6. 极桩

极桩的结构如图 3-6 所示，它可分为正极桩和负极桩，正极桩用"+"符号表示，或在

图 3-6 极桩的结构

其周围涂上红色；负极桩用"-"符号表示，一般不涂颜色，有时涂成绿色或蓝色。极桩是由铅锑合金浇铸而成，其作用是将正、负极板组与电路导线相连。

 知识拓展

"续航里程"是指一次充电后，电动自行车能在正常状况下行驶的最长里程数。一般电动自行车用 36V/12A·h 的蓄电池供电的续航里程约为 35km；48V/20A·h 的蓄电池供电的续航里程约为 50km。

## 二、铅酸蓄电池的工作原理

铅酸蓄电池属于二次电池，其充、放电过程是一种可逆的化学反应。由于铅酸蓄电池的电解液是硫酸的水溶液，所以在充、放电过程中，蓄电池内电流的形成就是靠正、负离子的反方向运动来实现的。

### 1. 铅酸蓄电池的放电过程

铅酸蓄电池的放电过程是化学能转变成电能的过程，蓄电池向外电路供电时称为放电。放电时，电流从正极流出，经用电器流向负极，如图 3-7 所示。在蓄电池内部的电流方向是负极板流向正极板。

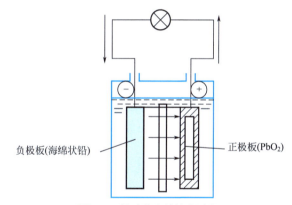

图 3-7　铅酸蓄电池放电过程

在电流的作用下，电解液内部处于电离状态，硫酸和正、负极板上的活性物质进行化学反应形成硫酸铅，硫酸量逐渐减少，硫酸中的氢和正极板上的二氧化铅中的氧发生反应变成水。根据电解液相对密度的大小可以判断蓄电池的放电程度，是确定放电终了的主要标志之一。

 提示

在正常使用情况下，蓄电池不宜放电过度。否则，将使细小的硫酸铅结成较大的晶体，增大极板电阻，影响充电时的还原。

整个放电过程的化学反应式是：

$$PbO_2 + Pb + 2H_2SO_4 = 2PbSO_4 + 2H_2O$$

### 2. 铅酸蓄电池的充电过程

铅酸蓄电池的充电过程是电能转变成化学能的过程，其充电原理如图 3-8 所示。

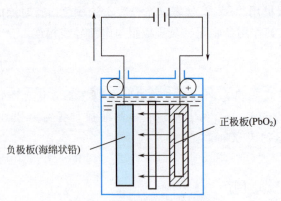

图 3-8 铅酸蓄电池充电过程

在铅酸蓄电池放电终了后，为使正、负极板上生成的硫酸铅恢复为原来的活性物质，即铅和二氧化铅，就必须具备一定的条件，这个条件就是利用直流电源进行充电。

充电过程与放电过程正好相反，铅酸蓄电池内部电流方向是从正极向负极，充电的电流即从负极流出，经过充电装置流向正极。

在充电电流的作用下，正、负极板上的硫酸铅分别被还原成二氧化铅和铅，硫酸返回到电解液中。当蓄电池充满电后，正、负极板的活性物质被恢复到原来的状态，而且电解液中的硫酸成分增加，水分减少。

铅酸蓄电池充电终期由电解液相对密度的大小来判断。充电终期时，由于正、负极板上的硫酸铅（$PbSO_4$）已大部分转变成二氧化铅（$PbO_2$）和海绵状纯铅（$Pb$），如果再继续充电，充电电流只能起电解水（$H_2O$）的作用，结果在负极板便有氢气（$H_2$）逸出，在正极板则有氧气（$O_2$）逸出，形成强烈的冒气现象。因此充电终期，电流不宜过大，否则，产生气泡过于剧烈，易使极板活性物质脱落，所以充电电流应适当减小。

整个充电过程的化学反应式是：

$$2PbSO_4 + 2H_2O = PbO_2 + Pb + 2H_2SO_4$$

蓄电池组充不进电

> **提示**
>
> 为了便于电动自行车用户的出行，街头有较多的蓄电池充电站，这是蓄电池快速充电的一种方法。一般情况下，投币一元，充电10分钟，续行里程可增加15km左右。这种充电对蓄电池有修复功能，每一个月可去蓄电池充 2~3 次。

## 三、蓄电池的使用注意事项

### 要诀 17

蓄电池使用要注意，充电莫等没电时，
过度放电损电池，花费钱来不用疑；
过度充电损害大，极板活性物质会软化，
蓄电池短路让人怕，有时可引起大爆炸；

接线松动或不牢，电量耗损影响骑跑；
暴晒电池温度高，活性物质增加寿命短。

### 1. 防止过放电

蓄电池放电到终止电压后，继续放电称为过放电。过放电会严重损害蓄电池，对蓄电池的电气性能及循环寿命极为不利。

蓄电池放电到终止电压时内阻较大，电解液浓度非常低，特别是极板孔内及表面几乎处于中性。过放电时内阻有发热倾向，体积膨胀，放电电流较大时，明显发热（甚至出现发热变形），这时硫酸铅浓度特别大，形成枝晶短路的可能性增大，而且此时硫酸铅会结晶成较大颗粒，形成不可逆硫酸盐化，将进一步增大内阻，充电恢复能力很差，甚至无法修复。

提示

蓄电池使用时应防止过放电，采取"欠压保护"是很有效的措施。另外，由于电动车"欠压保护"是由控制器控制的，但控制器以外的其他设备，如电压表、指示灯等耗电电器是由蓄电池直接供电的，其电源的供给一般不受控制器控制，电动车锁（开关）一旦合上就开始用电。虽然电源小，但若长时间放电（1～2周）就会出现过放电。因此，不得长时间开锁，不用时应立即关掉。

### 2. 防止过充电

前面已经对过充电进行了阐述，过充电会加大蓄电池的水损失，会加速板栅腐蚀，活性物质软化，会增加蓄电池变形的概率，因此应尽量避免过充电的发生。选择充电器参数应与蓄电池良好匹配，要充分考虑蓄电池在高温季节的运行状况，以及整个使用寿命期间的变化情况。使用时不要将蓄电池置于过热环境中，特别是充电时应远离热源。蓄电池受热后要采取降温措施，待蓄电池温度恢复正常时方可进行充电。蓄电池的安装位置应尽可能保证良好散热，发现过热时应停止充电，应对充电器和蓄电池时常进行检查。蓄电池放电深度较浅或环境温度偏高时，应缩短充电时间。

提示

蓄电池和正在充电的充电器都应放置在儿童无法触摸的安全场所。

### 3. 防止短路

蓄电池在短路状态时，其短路电流可达数百安。短路接触越牢，短路电流越大，因此连接部分会产生大量热量（薄弱环节发热量更大），将连接处熔断，产生断路现象。蓄电池局部还可能产生可爆气体（或充电时集存的可爆气体），在连接处熔断时产生火花，会引起蓄电池爆炸。若蓄电池短路时间较短或电流不是特别大时，可能不会引起连接处熔断现象，但仍会有过热现象，会损坏连接条周围的黏结剂，留下漏液等隐患。因此，蓄电池绝对不能有短路产生，在安装或使用时应特别小心，所用工具应采取绝缘措施；连线时应先将电池以外的电器连好，经检查无短路，最后连上蓄电池；布线规范应良好绝缘，防止重叠受压，产生破裂。

### 4. 防止连接松动和接触不牢

若接触不牢程度较轻，会发生导电不良，使其线路接触部分发热，线路损耗较大，输出电压偏低，影响电机功率，使行驶里程减少或不能正常骑行；若接线端子部位接触不牢（绝大多数是接线端与连线接头部位），端子会大量发热，影响端子与密封胶的结合，时间一长就会发生漏液"爬酸"现象。若在行驶过程或充电过程中出现接触不牢，可能产生断路，断路时会产生强烈的火花，可能点燃蓄电池内部的可爆气体（特别是刚充好电的蓄电池，因电池内可爆气体较多，且蓄电池电量足，断路时火花较强烈，爆炸的可能性相当大）。

> **提示**
> 
> 电动车在运行时要承受较为强烈的振动，因此，应对所有连接的可靠性进行考核，接插件应带"自锁"功能，防止振动和拉动时脱落，对与蓄电池接线片的连线应采取接插件，并用焊锡将其焊牢，接插件与连线应用压接方式（也可压接后再用焊锡焊一遍增加可靠性）。

### 5. 防止在阳光下暴晒

阳光下暴晒会使蓄电池温度增高，蓄电池各活性物质的活性增加，影响蓄电池使用寿命。

> **提示**
> 
> 建议用户随用随充，经常使蓄电池处于充足电状态。铅酸蓄电池每次使用后不论电量消耗多少，都应及时补充充足为好，这对延长蓄电池寿命有利。如果蓄电池长期不使用，务必将蓄电池在充足电的状态下保存，并且每月充电一次，严禁亏电存放。

蓄电池内部断路或断格

## 第二节　充电器的结构和原理

### 一、充电器的结构

充电器的种类较多，一般多为智能二段式、智能三段式和全智能充电器等。

#### 1. 智能二段式充电器

智能二段式充电器的外形如图3-9所示。其内部结构如图3-10所示。

充电器的拆卸技巧

充电器的安装技巧

该充电器的充电模式可分为恒流充电和浮充充电。在二段式充电的第一阶段，电流负反馈起主导作用，也就是恒流阶段；第二阶段是浮充充电，即对蓄电池进行涓流充电。

#### 2. 智能三段式充电器

智能三段式充电器的外形如图3-11所示。其内部结构如图3-12所示。

在智能三段式充电的第一阶段，电流负反馈起主导作用，也就是恒流阶段；第二阶段由电流负反馈起主导作用而逐渐转换到电压负反馈起主导作用，也就是恒流阶段向恒压阶段的

图 3-9　智能二段式充电器的外形

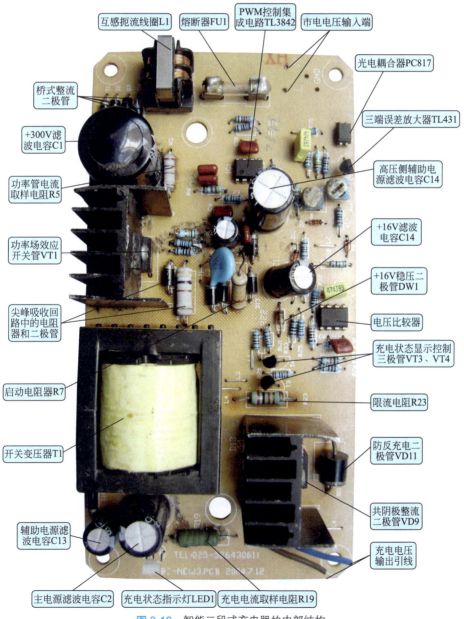

图 3-10　智能二段式充电器的内部结构

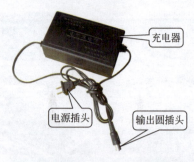

图 3-11　智能三段式充电器的外形

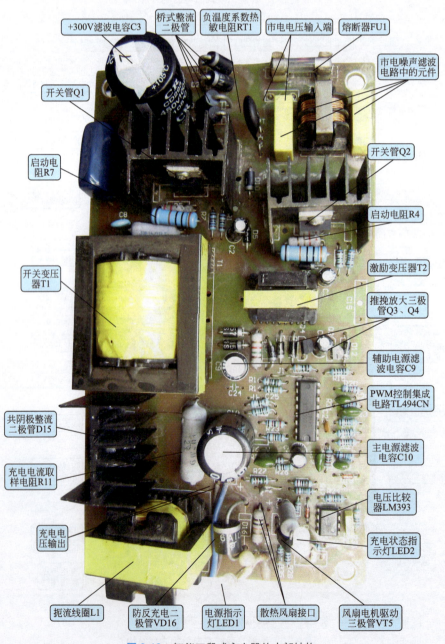

图 3-12　智能三段式充电器的内部结构

转变过程；第三阶段是电压负反馈起主导作用，即恒压阶段。它的优点是可以有效地延长蓄电池的使用寿命。

### 3. 全智能充电器

全智能充电器的外形如图 3-13 所示。其内部结构如图 3-14 所示。

图 3-13　全智能充电器的外形

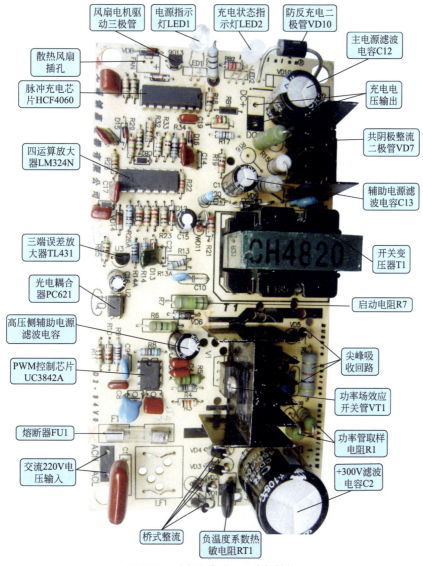

图 3-14　全智能充电器的内部结构

当蓄电池在失电状态下充电时，全智能充电器供给蓄电池所需的电压和电流是一个自动变换的过程，而不是人为设定的程序。全智能充电器可根据蓄电池的失电情况向蓄电池提供一个合适的充电电压和电流。其特点如下：

① 可根据蓄电池的失电情况输出多种充电模式，保证蓄电池组不欠充、不过充。

② 该充电器有多阶段充电方式，可自动调整其充、放电的电压或电流值。

③ 若蓄电池极板硫化，可自动调整负脉冲去硫化过程，延长蓄电池的使用寿命。

④ 可自动均衡充电，确保蓄电池组中每一单体蓄电池都充电良好。

⑤ 可自动检测蓄电池的型号和温度等。在充电过程中，若蓄电池的温度超出规定值，充电器可自动停止充电。

## 二、典型充电器电路原理

电阻器的在路检测技巧　　　　电阻器的开路检测技巧

现以由 UC3842、LM393 和 TL431 组成的充电器为例加以说明，其电路如图 3-15 所示。

该充电器主要由 IC1（UC3842）、IC3（LM393）、开关变压器 T2、开关管 VT1 及其他元件组成。该充电器属于单端反激式开关电源。

### 1. 交、直流转换电路

市电 220V 交流电压从电源插头输入，经熔断器 FU1，由 T1、C1～C4 组成的线路滤波器滤除市电电网中的高频杂波后，再由 VD1～VD4 桥式整流，C5 滤波后在 C5 两端产生 +300V 的直流电压。

>
>
> 该电路工作电压高，元件容易出现击穿故障，在充电器出现熔断器熔断的现象时，重点检查该部分电路和开关管 VT1。

### 2. 直流电压转换电路和脉宽调制电路

滤波电容 C5 两端的 +300V 电压，一路经开关变压器 T2 的 L1 绕组加到 VT1 的 D 极，另一路由启动电阻 R1 限流降压向 IC1 的 7 脚提供工作电压。IC1 得电后，内部的基准 5V 电压产生电路开始工作，为内部的振荡器、PWM 调制器等电路供电，并由 8 脚输出。IC1 的 4 脚外接的定时元件 R6、C11 和内部的振荡器开始振荡，产生锯齿波脉冲信号。该锯齿波脉冲信号由 PWM 调制器处理后形成矩形激励脉冲信号，经内部的驱动电路放大后由 6 脚输出，通过限流电阻 R4 加到开关管 VT1 的栅极，控制其工作在开关状态。当 VT1 导通时，300V 电压经开关变压器 T1 的 L1 绕组，开关管 VT1 的 D、S 极，取样电阻 R8 到地形成回路。

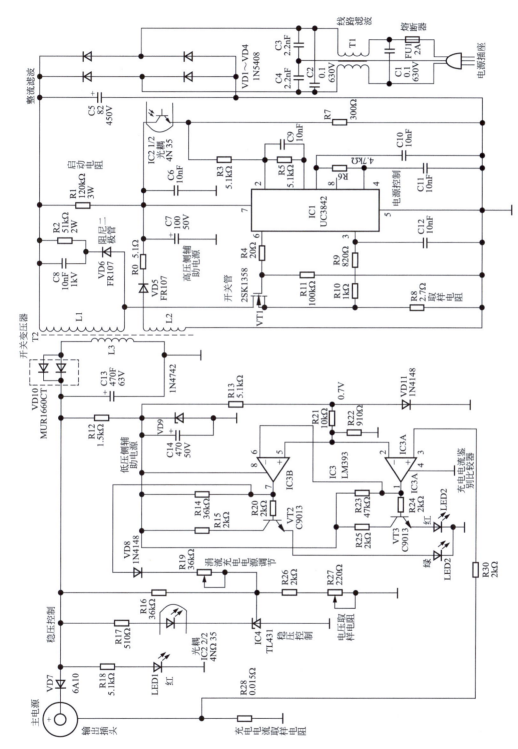

图 3-15 UC3842、LM339 和 TL431 组成的充电器电路

回路电流在 L1 上产生上正下负的电动势。在 L2 和 L3 上产生上负下正的电动势，这时 VD5、VD10 截止，绕组贮存能量。当 VT1 截止时，L1 绕组产生上负下正的电动势，同时 L2、L3 绕组产生上正下负的电动势。VD20 导通，输出的直流电压经 C13 滤波后向负载供电，并由 R12 限流，VD9 稳压产生 12V 的辅助电源电压。L2 绕组上的电动势经 VD5 整流，C6、C7 滤波后取代启动电阻 R1 向 IC1 的 7 脚提供工作电压，并且为光电耦合器 IC2 内的光敏管供电。

开关变压器 T2 的 L1 绕组上并联的 VD6、R2、C8 等元件组成了尖峰吸收回路。在开关管由导通状态转换为截止状态的瞬间，L1 绕组会产生极高的尖峰脉冲，若不加抑制会导致开关管被击穿。VD6、R2、C8 组成的尖峰吸收回路，有效地保证开关管的正常工作。开关管 VT1 的源极 S 所接的取样电阻 R8 在 VT1 导通时流过的电流在其两端会产生一定的电压。该电压经过 R10、R9、C12 加到 IC1 的 3 脚。当 VT1 因某种原因过流时，加到 IC1 的 3 脚电压超过 1V，IC1 内部的过流保护电路动作，切断激励脉冲信号输出，避免 VT1 过流损坏。在 IC1 的内部还集成了欠压保护电路，通电后，若 IC1 的 7 脚电压不是 16V，将无法启动。电源启动后，7 脚的电压若降低到 10V 以下，IC1 会因电压过低造成输出激励脉冲信号异常，导致开关管损坏。当 IC1 的 7 脚电压恢复到 16V 以上时，IC1 恢复工作。

### 3. 稳压控制电路

稳压控制电路由光电耦合器 IC2、三端误差放大器 IC4、电源控制芯片 IC1 和输出电压取样电路组成。

当输出电压降低时，由限流电阻 R17 加到 IC2 内部发光管正极的电压降低。同时，R16、R26、R27 三个取样电阻从输出电压分压后送到 IC4 的误差取样信号输入端（电压低于 2.5V），经 IC4 放大后使 IC2 内部发光管负极的电位升高，发光管发光程度降低，IC2 内部的光敏管导通程度随之减弱，输出的电压下降。该输出电压通过 R3 加到 IC1 的 2 脚的误差电压变小，由 IC1 内部的误差放大器放大后，使 PWM 调制器输出的激励脉冲信号占空比加大，开关管 VT1 导通的时间延长，输出电压升高。反之，当输出电压升高时，稳压控制过程则相反。R27 为取样电路的下取样电阻，调节 R27 的阻值，可在一定范围内调整输出电压的高低。

### 4. 充电控制电路

该充电器的充电控制电路由双电压比较器 IC3（LM393）和充电电流取样电阻 R28 等元件组成。

在充电过程中，充电电流在 R28 两端形成上正下负的电压，经 R30 送到 IC3 的同相输入 3 脚。低压侧辅助电源 +12V 由 R13 限流，VD11 钳位得到 0.7V 的电压，经 R21、R22 分压后向 IC3 的 2 脚、5 脚提供参考电压。

充电初期由于充电电流较大，在 R28 两端形成的电压较高，由 R30 加到 IC3 的 3 脚电压高于 2 脚的参考电压，1 脚输出高电平。一路由 R24 加到 VT3 基极，使其导通，红色充电指示灯 LED2 点亮；另一路送到 IC3 的反向输入 6 脚，由于 6 脚电压高于 5 脚的参考电压，7 脚输出低电平，VD8 截止，不对稳压控制电路造成影响，VT2 也因没有导通电压而截止，绿色涓流充电指示灯 LED2 不亮。

随着充电过程的进行，蓄电池两端电压不断升高，输出电压逐渐稳定在 44V 左右，充电器进入恒压充电状态。此时充电电流开始慢慢减少，当充电电流减少到转折电流时，取样电阻 R28 两端的电压不足以使 IC3 的 3 脚维持高电平。于是，IC3 的 1 脚输出低电平，VT3 截止，红色充电指示灯 LED2 熄灭。同时，IC3 的 6 脚变为低电平，低于 5 脚的参考电压，

7脚输出高电平。该高电平一路经R20使VT2导通,绿色涓流充电指示灯LED2点亮;另一路由VD8、可调电阻R19加到三端误差放大器IC4的输入端,通过稳压控制电路使输出电压降低,充电器进入涓流充电状态。

这时,充电器的输出电压已稍低于蓄电池两端电压,为防止蓄电池对充电器反向充电,在充电器的输出端设置了防反充电二极管VD7。

**提示**

可调电阻R19用来调节涓流充电时的输出电压。

## 三、充电器的使用注意事项

充电器的故障检修技巧1——熔断器烧毁,充电器整机不通电

充电器的故障检修技巧2——熔断器烧毁,充电器整机不通电

充电器的故障检修技巧3——充电器无电压输出,但+300V电压正常

充电器是由晶体管、集成电路等构成的,因此,正确使用好充电器,不仅影响到充电器自身的可靠性和使用寿命,而且还会影响到电池的使用寿命。

使用充电器对蓄电池充电时,请先插上充电器的输出插头(如图3-16所示),后插输入插头(如图3-17所示)。充电时,充电器的电源指示灯显示红色,充电指示灯也显示为红色;充满后,充电指示灯为绿色。停止充电时,请先拔下充电器的输入插头,后拔充电器的输出插头。

### 要诀 18

使用充电器充电,输出插头先插上,
输入插头插电源,这些应知没有完,
还需了解以下几点,充电常识才过关,
充电时候红灯闪,充电指示和电源,
充满后红灯不见,充电绿灯笑开颜,
不充电先拔输入,再拔输出插头才过关。

**提示**

充电器指示灯呈"绿色"时表示电池已充满,此时电池处于浮充状态,无需切断电源。若有急事,指示灯呈"橙色"时也可以使用。

图 3-16　插上充电器输出插头　　　　　　图 3-17　插上充电器输入插头

通常情况下，对电池的过度放电和过度充电是有害的。因此，要勤充电，不要过放电。正规厂家生产的充电器可确保不对电池过充电。电池的使用寿命与其放电深度有很大关系。铅酸蓄电池尤其怕亏电放置。亏电电池放置 3～7 天，将有可能永久损坏。因此，蓄电池使用过后请尽快充电。对于长期不使用的电池，应每隔 15 天充电一次，以补偿电池存放时的自放电电量损失。

充电器在使用过程中需防潮、防湿，并放置在通风良好的地方。充电器工作时有一定的温升，请注意散热，通常充电时间在 7～8h 内，视电池的使用状态而不同。

充电器属于较精密的电子设备，因此，在使用中要注意防震。尽量不要随车携带，如确要携带，应将充电器用减震材料包装好后，放置于车上工具箱内，并应注意防雨、防潮。

> **提示**
>
> 直接在车上充电时，请关闭电动车上总电源电门锁开关，并且先将充电器输出插头插入电池盒上充电插座，后将充电器输入电源插头插入交流 220V 电源插座。

# 第四章

## 电动自行车主要部件的检测和更换技巧

### 第一节 电动机主要部件的检测和更换技巧

#### 一、无刷电动机绕组的快速检测技巧

在无刷控制器上,将与电动机三根较粗的黄、绿、蓝色主相线相连的弹头从弹壳中拔出,如图4-1所示。然后将电动机的霍尔线从插接器处拔下,如图4-2所示,切勿拉动导线,避免损坏。按如图4-3所示的方法将电动机三根主相线的弹头捏在一起并转动后轮试验。若手转后轮感觉阻力较大,则表明电动机绕组正常;若转动后轮感觉阻力较小,则表明绕组短路或断路。

熔断器的检测技巧

**要诀 19**

电机绕组常修理,快速检测提一提,
绕组是否损坏哩,电机相线接一起,
拔下霍尔插接器,转动后轮要用力,
阻力较大是好的,阻力较小有问题。

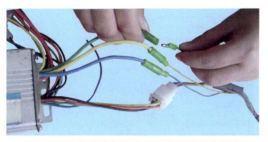

图4-1 将电动机主相线的弹头从弹壳中拔出

图4-2 将霍尔线从插接器处拔下

图 4-3　将电动机三根主相线的弹头捏在一起并转动后轮

## 二、无刷电动机绕组断路和短路的检测技巧

在检测中，若电动机某相绕组短路，该相绕组阻值根据短路程度按比例减小。由于电动机绕组线径较大，每相绕组间的阻值一般小于 1Ω。

电动机绕组断路和短路的检测可分为不分解电动机检测和分解电动机检测。

### 1.不分解电动机检测

**步骤1**　将电动机与控制器相连的主相线从插接器处拔下，如图 4-4 所示。

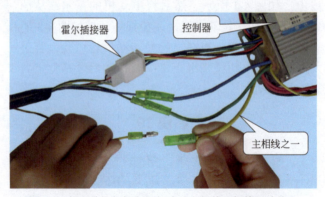

图 4-4　将电动机与控制器相连的主相线从插接器处拔下

**步骤2**　被测电动机三根主相线编号如图 4-5 所示。

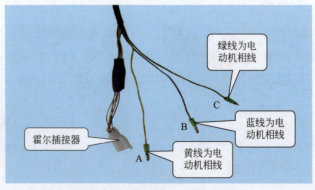

图 4-5　被测电动机三根主相线编号

**步骤 3**　该绕组的连接方式如图 4-6 所示。

**步骤 4**　选用数字万用表的 200Ω 电阻挡，如图 4-7 所示。

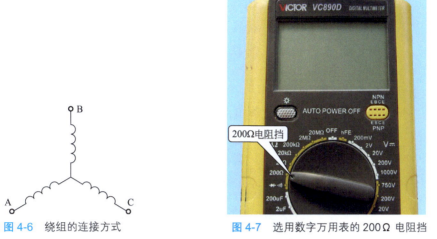

图 4-6　绕组的连接方式　　　图 4-7　选用数字万用表的 200Ω 电阻挡

**步骤 5**　用数字万用表测量 AB、BC 相间的阻值，均为 0.2Ω，如图 4-8 所示。

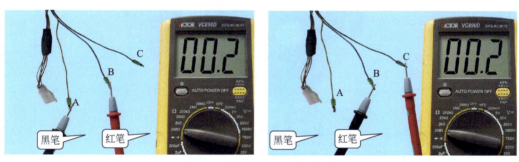

图 4-8　测量 AB、BC 相间的阻值

**步骤 6**　若所测得的每两相绕组间的阻值有两组或三组为无穷大（如图 4-9 所示），则表明该电动机绕组断路。

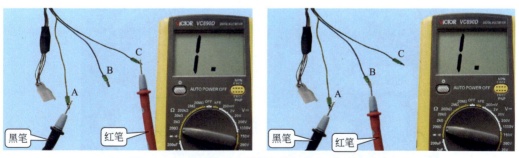

图 4-9　所测得的每两相绕组间的阻值有两组为无穷大

> **提示**
>
> 电动机绕组断路时，会使电动机输出转矩明显减小。若多处断路，会使电动机输出动力波动较大，甚至无法转动。

Chapter 04　第四章　电动自行车主要部件的检测和更换技巧

## 要诀 20

绕组断路怎么检,不解电机也可验,
拔下电机粗相线,用表测量两根线,
正常时 0.2 欧显,如有两组横 8 显,
绕组断路应更换,这样检测才过关。

### 2. 分解电动机检测

**步骤 1** 分解电动机,拔下电动机绕组,如图 4-10 所示。

图 4-10　拔下电动机绕组

**步骤 2** 拔下电动机绕组接头上的绝缘套管,如图 4-11 所示。

图 4-11　拔下电动机绕组接头上的绝缘套管

**步骤 3** 用数字万用表的 200Ω 挡测量中性线(接头线较多处)与相线接头间的阻值,正常应为 0.2Ω,如图 4-12 所示。

**步骤 4** 若测得某一相线与中性线间的阻值为无穷大(如图 4-13 所示),则表明该相绕组断路,应予以修复。

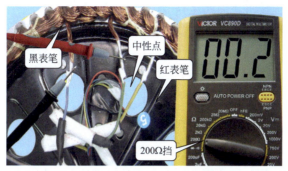

图 4-12 测量中性线（接头线较多处）与相线接头间的阻值

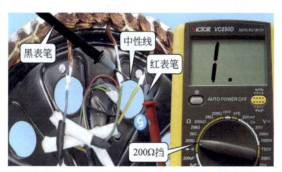

图 4-13 测得某一相线与中性线间的阻值为无穷大

> **提示**
>
> 绕组用漆包线绕制，线径较粗，一般不易折断，故绕组断路大多是接头处松脱或绕组受到机械性碰伤造成。当接头有松脱或因碰损而折断时，可重新接好，并应在断线连接部位做好绝缘处理，防止引起接地或短路。

## 三、无刷电动机绕组搭铁和绝缘电阻的检测技巧

由于电动机三相绕组的尾端连接在一起，检测绕组搭铁故障只需测量任一相线与机壳间的阻值即可判断。电动机绕组断路和短路的检测可分为不分解电动机检测和分解电动机检测。检测方法如下。

### 1. 不分解电动机检测

步骤 1 将电动机与控制器相连的主相线从插接器处拔下，如图 4-14 所示。

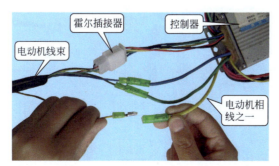

图 4-14 将电动机与控制器相连的主相线从插接器处拔下

**步骤 2** 该绕组的连接方式如图 4-15 所示。

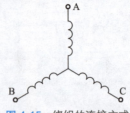

图 4-15 绕组的连接方式

**步骤 3** 将万用表的黑、红表笔分别接在电动机壳体和三相线的任一根，若万用表显示"1."，即无穷大（如图 4-16 所示），则表明绕组不搭铁。

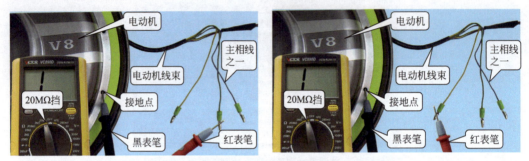

图 4-16 万用表显示"1."

**步骤 4** 若万用表显示"00.0"（如图 4-17 所示），则表明电动机绕组搭铁。

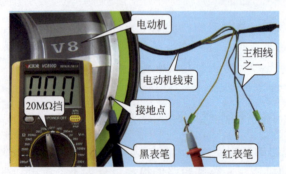

图 4-17 万用表显示"00.0"

**步骤 5** 若万用表显示值介于"00.0"与"1."之间（如图 4-18 所示），则表明电动机绕组有漏电现象。

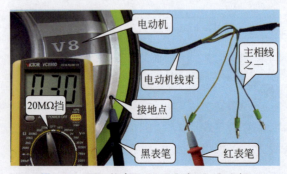

图 4-18 显示值介于"00.0"与"1."之间

> **提示**
>
> 用万用表测量绕组对地的绝缘电阻，若绝缘电阻大于5MΩ，则表明绝缘良好；若绝缘电阻较小，则表明绕组绝缘不良或短路接地。然后用万用表的最小电阻挡测量电动机每两根主相线间的电阻，正常情况下每相间电阻应一致。若所测某一组电阻较小，则表明电动机该相线绕组发生短路现象，应更换短路的全部绕组。更换时，应按原绕组的线径、匝数、绕制方向等进行绕制，同时浸漆、烘干。

### 要诀 21

绕组搭铁需处理，检测技巧提一提，
因三相尾端连起，检测数据用表笔，
电机主相线脱离，表笔接相线和壳体，
00.0 显示大问题，说明搭铁不用疑，
00.0 与 1. 之间显示，绕组漏电需修理。

#### 2. 分解电动机检测

步骤1　分解电动机，拔下电动机绕组，如图4-19所示。

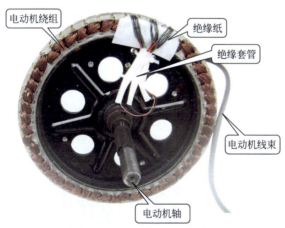

图4-19　拔下电动机绕组

步骤2　拔下电动机绕组接头上的绝缘套管，如图4-20所示。

图4-20　拔下电动机绕组接头上的绝缘套管

步骤 3　将万用表的黑、红表笔分别接在电动机壳体和三相线的任一根，若万用表显示"1."（如图 4-21 所示），即无穷大，则表明绕组不搭铁。

图 4-21　万用表显示"1."

步骤 4　若万用表显示"00.0"（如图 4-22 所示），则表明电动机绕组搭铁。

图 4-22　万用表显示"00.0"

步骤 5　若万用表显示值介于"00.0"与"1."之间（如图 4-23 所示），则表明电动机绕组有漏电现象。

图 4-23　万用表显示值介于"00.0"与"1."之间

## 四、电动机绕组绝缘电阻的检测

电动机绕组绝缘电阻的检测可分为在电动机外部的检测和在电动机内部的检测。

> **提示**
>
> 兆欧表有三个接线端子："线"（L）、"地"（E）和"屏"（G）。在进行一般测量时，只要把被测量绝缘电阻接在 L 与 E 之间即可，但对测量表面不干净或潮湿的对象，为了准确测量绝缘电阻，需要使用 G 端子，应将绝缘物表面与兆欧表的 G 端子相连接。

## 1.在电动机外部对绕组绝缘电阻的检测

### 要诀 22

绝缘电阻咋测好，主要使用欧姆表，
主相插头要去掉，兆欧表要平放牢，
鳄鱼夹按序夹好，转动摇柄表针跑，
表针到哪要知道，表针不动到位了，
绝缘电阻已测好，什么数值要知道，
大于 5MΩ 是国标，小于 2MΩ 应烘烤。

步骤 1　将电动机与控制器相连的主相线从插接器处拔下，如图 4-24 所示。

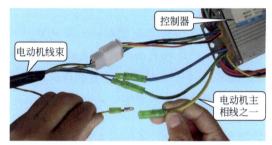

图 4-24　将电动机与控制器相连的主相线从插接器处拔下

步骤 2　将兆欧表平稳地放置在地面上，如图 4-25 所示。

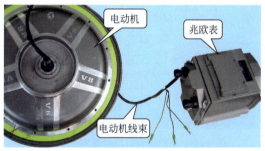

图 4-25　将兆欧表平稳地放置在地面上

步骤 3　将兆欧表的鳄鱼夹夹在电动机三根主相线的任一根的弹头上，另一只鳄鱼夹夹在电动机的轮毂上，如图 4-26 所示。

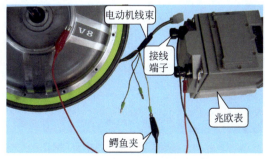

图 4-26　兆欧表与电动机的连接

**步骤 4** 以 120r/min 的速度转动摇柄，待表针稳定时所显示的数值即是该电动机绕组的绝缘电阻，如图 4-27 所示。

图 4-27 电动机绕组的绝缘电阻检测

> **提示**
>
> 为防止由于绝缘材料表面存在的泄漏电流影响测量结果，尤其是在湿度较大的场所、表面不干净的情况下，应将绝缘物表面与兆欧表的 G 端子（屏蔽）相连接。这样绝缘材料表面的泄漏电流通过 G 端子直接流回发电机负极，而不流过兆欧表的测量机构，从而消除表面泄漏电流对测量结果的影响。

**步骤 5** 若兆欧表表针指示值大于 5MΩ（如图 4-28 所示），则表明绕组绝缘电阻正常。

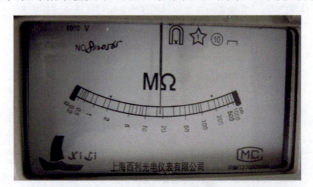

图 4-28 兆欧表表针指示值大于 5MΩ

**步骤 6** 若兆欧表表针指示值小于 2MΩ（如图 4-29 所示），则表明绕组绝缘电阻下降。

图 4-29 兆欧表表针指示值小于 2MΩ

**兆欧表使用前的检查**

① 检查兆欧表外观是否完好，指针是否摆动灵活，摇动手柄是否转动自如，是否无异响。

② 开路检查：兆欧表 L 和 E 端子未接被测电阻时，摇动手柄使发电机达到额定转速（120r/min）时，指针应指"∞"。

③ 短路检查：禁止发电机在额定转速下长时间进行短路试验。一般可采用以下两种方法进行短路检查。一种是将 L 和 E 短接，缓慢转动发电机手柄时，指针应指"0"；另外一种是较快摇动发电机手柄时，瞬间将 L 和 E 短接再迅速断开，指针应指"0"。

如果进行开路、短路检查，指针不能指示"∞"或"0"，说明兆欧表有故障，应进行检修后才能使用。

**2. 在电动机内部对绕组绝缘电阻的检测**

步骤 1　分解电动机，取下电动机绕组，如图 4-30 所示。

图 4-30　取下电动机绕组

步骤 2　拔下电动机绕组接头上的绝缘套管，如图 4-31 所示。

图 4-31　拔下电动机绕组接头上的绝缘套管

步骤 3　将兆欧表平稳地放置在地面上，如图 4-32 所示。

步骤 4　将兆欧表的鳄鱼夹夹在电动机三根主相线的任一根的弹头上，另一只鳄鱼夹夹在电动机的轴头上，如图 4-33 所示。

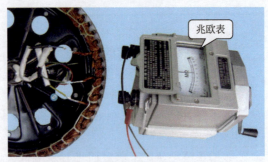

图 4-32　将兆欧表平稳地放置在地面上

图 4-33　兆欧表与电动机的连接

**步骤 5**　以 120r/min 的速度转动摇柄，待表针稳定时所显示的数值即是该电动机绕组的绝缘电阻。若兆欧表表针指示值大于 5MΩ（如图 4-34 所示），则表明绕组绝缘电阻正常。

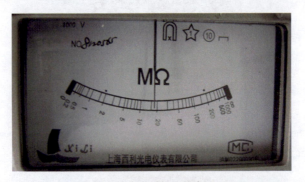

图 4-34　兆欧表表针指示值大于 5MΩ

> **提示**
>
> 摇测时，转动手柄应由慢逐渐加快，如果发现指针已经指零，说明被测物体已经短路，应停止摇动手柄，防止表内线圈发热损坏。摇测时，摇动手柄要保持匀速，不要忽快忽慢，通常以 120r/min 的转速较好。

**步骤 6**　若兆欧表表针指示值小于 2MΩ（如图 4-35 所示），则表明绕组绝缘电阻下降。

## 五、霍尔电源电压的检测

**步骤 1**　选择数字万用表直流电压 20V 挡，如图 4-36 所示。

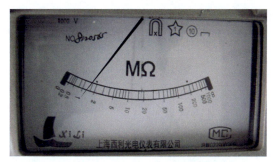

图 4-35 兆欧表表针指示值小于 2MΩ

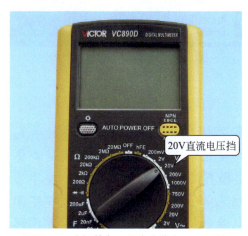

图 4-36 选择数字万用表直流电压 20V 挡

> **提示**
>
> 控制器内部电源一般采用三端稳压集成电路，一般用 7805、7806、7812、7815 四种规格的稳压集成电路，它们的电源电压分别是 5V、6V、12V、15V。实测与标准值上下电压差不应超过 0.2V，否则说明控制器内部电源出现了故障，一般通过更换三端稳压集成电路排除故障。

**步骤 2** 打开电源开关，在控制器处将黑表笔接插接器上的黑色线，红表笔接插接器上的红色线，此时万用表的显示值即是霍尔电源电压，如图 4-37 所示。

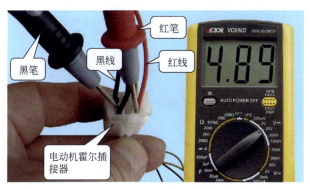

图 4-37 霍尔电源电压的检测

**步骤 3** 若所测霍尔电源电压异常（如图 4-38 所示），应修复相关电路。当霍尔电源电压正常后，才可进行后续测量。所以，霍尔电源电压正常是霍尔相电压检测的前提。

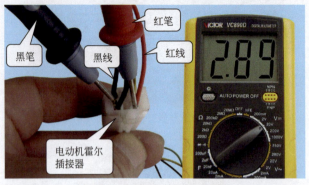

图 4-38 所测霍尔电源电压异常

### 要诀 23

霍尔电源电压好，其他部件效率高，
怀疑霍尔不达标，检测电源是必要。
选择直流 20V 挡，黑笔接地要牢靠，
红笔电源要接好，接近标准不可少，
电源电压要知道，类型不同考虑到，
数据异常电压少，电路损坏跑不了。

## 六、霍尔相线电压的检测

**步骤 1** 若霍尔电源电压为 5V（即正常），用万用表黑表笔接插接器的黑色地线，红表笔接霍尔黄色相线，如图 4-39 所示。

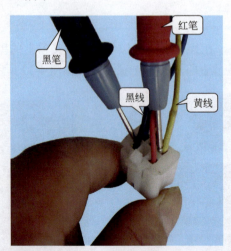

图 4-39 万用表黑表笔接插接器的黑色地线，红表笔接霍尔黄色相线

**步骤 2** 缓缓转动后轮，如图 4-40 所示。

图 4-40　缓缓转动后轮

**步骤 3**　若万用表显示值在 0～5V 变动（如图 4-41 所示），则表明该相霍尔相电压正常，也说明与黄色线相连的霍尔元件正常。

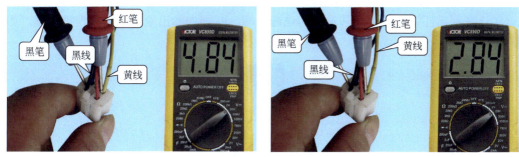

图 4-41　万用表显示值在 0～5V 变动

**步骤 4**　若万用表显示值不变化（如图 4-42 所示），则表明与黄色线相连的霍尔元件损坏。其他两只霍尔元件的测量方法与上述相同。

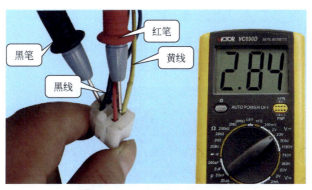

图 4-42　万用表显示值不变化

> **提示**
>
> 控制器不同就有不同的霍尔电源电压，通常的电压类别有 +5V、+12V、+15V。若霍尔电源电压为 +5V、+12V、+15V，则霍尔相电压应分别在 0～0.5V、0～0.12V、0～0.15V 变动；若霍尔相电压保持某一数值而不变动，则表明霍尔元件损坏，应予以更换。

## 要诀 24

测量电压霍尔线，电源正常要为先，
黑笔先接黑地线，红笔相线随便连，
缓缓驱使后轮转，电压显示在眼前，
电压 0～0.5V 间变，霍尔相压已过关，
显示数值不改变，霍尔损坏应更换。

### 七、霍尔元件的检测技巧（电阻法）

霍尔元件的故障主要有霍尔元件脱落、霍尔集成电路失效、霍尔引线断开等。当怀疑霍尔元件损坏时，应按以下方法进行测量。

① 让霍尔元件字面朝上，其左脚为电源正端，右脚为输出端，中间脚为接地端，如图 4-43 所示。

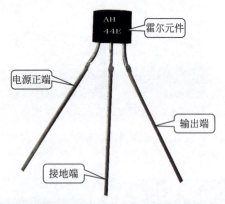

图 4-43　霍尔元件的引脚功能判断

② 选取数字万用表的二极管挡，如图 4-44 所示。

图 4-44　"二极管"挡的选择

③ 让红表笔接霍尔元件的中间接地端，黑表笔接左侧电源正端，其阻值正常时应为无穷大（即显示"1."），呈断路状态，测量方法如图 4-45 所示。

④ 接着，让黑表笔接右边输出端，红表笔不动，仍接接地端，此时万用表应显示 400～900Ω（对于不同霍尔元件，该阻值有所不同），测量方法如图 4-46 所示。

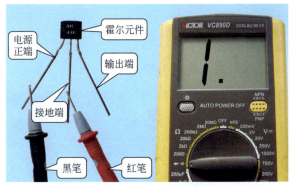

图 4-45　接地端和电源正端间阻值的检测

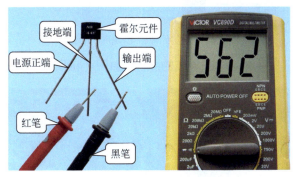

图 4-46　输出端和接地端间阻值的检测

⑤ 若上述检测数据异常，则表明该霍尔元件损坏。

## 要诀 25

霍尔元件怎么检，请您耐心听我言，
霍尔字面朝上边，引脚功能要记全，
右脚输出左电源，接地脚就在中间，
选择挡位二极管，黑笔接正极电源，
红笔接中间地端，电阻把 1. 正常显，
红笔不动接电源，黑笔移到输出端，
阻值 600Ω 左右显，霍尔正常不用验，
上述数据都不见，霍尔损坏是常见。

**提示**

不同品牌型号的霍尔元件，若电源正端和接地端正向导通（阻值在 10kΩ 以下），反向阻值为无穷大；接地端和信号端正向导通（阻值在 10kΩ 以下），反向阻值为无穷大。即正向导通，反向无穷大，则表明霍尔元件良好；否则，霍尔元件损坏，应予以更换。

## 八、电动机霍尔元件的更换

电动机霍尔元件的更换步骤如下。

① 霍尔元件在电动机上的位置,如图 4-47 所示。

图 4-47　霍尔元件在电动机上的位置

② 记下霍尔元件三个引脚所对应导线的颜色(如图 4-48 所示),以便以后接线不出差错。

图 4-48　记下霍尔元件引脚对应导线颜色

③ 观察三只霍尔元件的字面是朝外还是朝内,即霍尔元件安装是 60°还是 120°。三只霍尔元件字面都朝外的是 60°,两边霍尔元件字面朝外而中间一只字面朝内的是 120°。根据以上原则判断,该电动机为 120°,如图 4-49 所示。

图 4-49　霍尔元件安装电度角的确定

④ 用有尖的金属棒对准旧霍尔元件基部,按如图 4-50 所示的方法将旧霍尔元件冲动,再将旧霍尔元件从卡槽中取出。

⑤ 旧霍尔元件取出后,按如图 4-51 所示的方法,用工具将卡槽内的异物剔除干净,以免影响新霍尔元件的嵌入。

图 4-50　旧霍尔元件的冲动

图 4-51　剔除凹槽内的异物

⑥将调好的 AB 胶或 502 胶水涂入凹槽（如图 4-52 所示），接着按原霍尔元件字面朝外嵌入卡槽底部，待 2～3min 后，新霍尔元件即可固定在卡槽内，如图 4-53 所示。

图 4-52　向凹槽内涂上胶层

图 4-53　新霍尔元件的固定

⑦ 用烧热的电烙铁将熔化的松香涂在霍尔元件的引脚上（如图4-54所示），以清除引脚上的异物，才能保证焊接牢固。

图4-54 向霍尔元件引脚涂上松香油

⑧ 用电烙铁对新霍尔元件引脚上锡，其目的是为了方便焊接，减小焊接时间，如图4-55所示。

图4-55 向霍尔元件引脚上锡

⑨ 将旧霍尔元件上的热缩管移位，可看到霍尔元件引脚与导线的接触焊点，如图4-56所示。

图4-56 霍尔元件引脚的连接情况

⑩ 用电烙铁焊下旧霍尔元件与红线相连的焊点，如图4-57所示。

⑪ 将红线与新霍尔元件左引脚焊接在一起，如图4-58所示。焊接时要快捷、准确，应在很短内完成，避免霍尔元件因温度过高而损坏。焊接时焊点要小，焊后容易使热缩管穿过。引脚与导线的接触面要大，才能保证焊接牢固。

⑫ 接着将新霍尔元件的中间接地脚与黑色导线从焊点处焊开，如图4-59所示。

图 4-57　焊下旧霍尔元件左脚

图 4-58　将红色线与新霍尔元件左引脚焊在一起

图 4-59　焊下旧霍尔元件中间接地脚

⑬ 将黑色线与新霍尔元件的中间接地脚焊接在一起，如图 4-60 所示。

图 4-60　将黑色线与新霍尔元件中间接地脚焊在一起

⑭ 按同样的方法，将新霍尔元件的右脚与蓝色导线焊接在一起，如图 4-61 所示。

图 4-61　将蓝色线与新霍尔元件右脚焊在一起

⑮ 根据以上操作方法，更换余下的两只霍尔元件，如图 4-62 所示。

图 4-62　三只霍尔元件更换完毕

⑯ 将热缩管移向新霍尔元件新的焊点，如图 4-63 所示。

图 4-63　将热缩管套在新霍尔元件的引脚焊点上

⑰ 将白色的绝缘纸移动到霍尔元件的引脚下面，最后将用凝固胶将绝缘纸与热缩管结合在一起，如图 4-64 所示。霍尔元件的更换到此完成。

图 4-64　绝缘纸与热缩管的固定

**要诀 26**

霍尔元件咋更换，在此听我来发言，
记下霍尔接何线，颜色重要仔细看，
霍尔字面朝哪边，弄错电机不会转，
霍尔取出清槽里边，异物不除无法嵌，
新霍尔在槽中现，朝向要按原字面，
去掉导线及时换，才能保证接不反。

> **提示**
>
> 霍尔元件更换的过程也是霍尔元件的接线过程。3个霍尔元件的电源线连接在一起，由一根红线引出电动机；3个霍尔元件的接地线接在一起后，由一根黑线引出电动机；另外3个霍尔元件的相线直接分别引出为红、黄、蓝三色，与电动机三根相线（粗线）红、绿、蓝对应。

## 第二节　控制器典型部件的检测和更换技巧

### 一、无刷控制器驱动电压的检测技巧

无刷控制器驱动电压的检测技巧如下。

**步骤 1**　拆下控制器，找出电动机与控制器相连的3根较粗的蓝、绿、黄主相线，如图4-65所示。

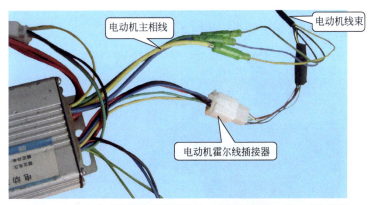

图 4-65　找出电动机与控制器相连的3根较粗的蓝、绿、黄主相线

**步骤 2**　由于无刷控制器驱动电压在16～28V，故选取数字万用表的直流电压200V挡，如图4-66所示。

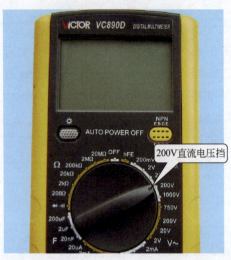

图 4-66　选取数字万用表的直流电压 200V 挡

**步骤 3**　将万用表的黑表笔接控制器上的黑色接地线，红表笔接较粗的黄、绿、蓝主相线的任一根，如图 4-67 所示。

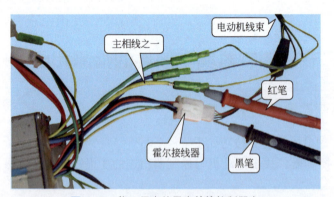

图 4-67　将万用表的黑表笔接控制器上

**步骤 4**　将调速转把转至最大转角，如图 4-68 所示。

图 4-68　将调速转把转至最大转角

**步骤 5**　若万用表显示值在 16～28V（不同控制器的最大驱动电压有所不同），则表明控制器正常，如图 4-69 所示。

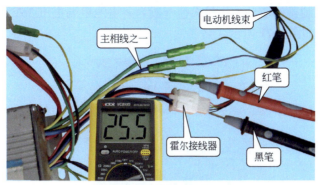

图 4-69　控制器正常

**步骤6**　若万用表显示值为几伏或为0,则表明有刷控制器驱动电压异常,如图4-70所示。

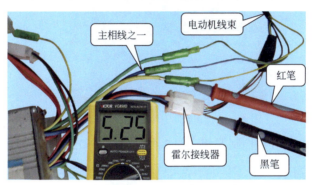

图 4-70　有刷控制器驱动电压异常

> **提示**
>
> 无刷控制器驱动电压异常不可确切判断故障就在控制器,因为电动机调速转把、闸把、电源电压低等同样可导致无刷控制器驱动电压不正常。检修时应予以注意。

### 要诀27

无刷控制器驱动电,检测技巧听我言,
找出电机主相线,仪表挡位200V选,
黑笔接驱动地线,红笔随便与相线连,
调速转把大角度转,相线电压屏幕显,
正常数据怎么判,一般都在16～28V间,
控制器不同电压变,具体数据来实践。
几伏或零故障显,控制器损坏要更换。

## 二、有刷控制器驱动电压的检测技巧

有刷控制器驱动电压的检测技巧如下。

**步骤 1** 有刷控制器的驱动电压最大值一般为蓄电池组端电压 36V，故选用数字万用表直流电压 200V 挡，如图 4-71 所示。

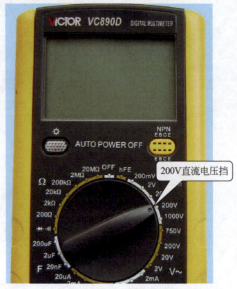

图 4-71 选用数字万用表直流电压 200V 挡

**步骤 2** 找到将电动机与控制器相连的 2 根驱动线，如图 4-72 所示。

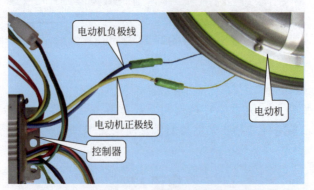

图 4-72 找到将电动机与控制器相连的 2 根驱动线

**步骤 3** 将万用表红表笔接控制器驱动线正极，黑表笔接控制器驱动线负极，如图 4-73 所示。

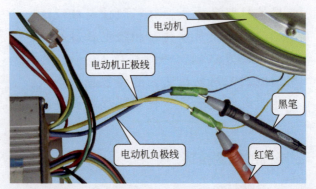

图 4-73 将万用表红表笔接控制器驱动线正极，黑表笔接控制器驱动线负极

**步骤 4** 将调速转把转至最大转角，如图 4-74 所示。

图 4-74　将调速转把转至最大转角

**步骤 5** 万用表显示应为 37.8V，如图 4-75 所示。

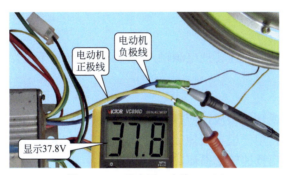

图 4-75　万用表显示应为 37.8V

**步骤 6** 若显示值较小或为 0（如图 4-76 所示），则表明控制器驱动电压不良，应检查电源调速转把、闸把及其电路，若这些无异常，则表明控制器损坏。

图 4-76　控制器驱动电压不良

 提示

控制器内部电源一般采用三端稳压集成电路，一般用 7805、7806、7812、7815 四种规格的稳压集成电路，它们的输出电压分别是 5V、6V、12V、15V。将万用表设置在直流电压 +20V（DC）挡位，黑表笔与红表笔分别靠在转把的黑线和红线上，观察万用表读数是否与标称电压相符，它们的上下电压差不应超过 0.2V。否则说明控制器内部电源出现了故障。一般有刷控制器通过更换三端稳压集成电路即可排除故障。

**要诀 28**

有刷控制器驱动电，检测技巧听我言，
正常电压同电源，仪表挡位200V选，
电机与控制器2根线，红笔正极、负极黑笔连，
调速转把大角度转，驱动电压屏幕显，
正常数据怎么判，都在电源电压间，
控制器不同电压变，具体数据来实践。
显示较小或零故障显，控制器恐怕有危险，
检测转把、闸把等几点，这些正常控制器换。

### 三、调速转把的检测技巧

调速转把的检测必须在调速转把电源输入电压正常的条件下进行，其检测方法有短接法和电压测量法。

#### 1. 短接法

若电动机不能转动或转动缓慢，应打开电源开关（如图4-77所示），在调速转把的插接器处（如图4-78所示），用一根导线短接调速转把的电源线和信号线（如图4-79所示）。若电动机转动正常，则表明调速转把损坏，应予以更换。

**要诀 29**

电机不转或缓慢，我有妙招给你言，
打开电源做实验，实践就需一根线，
短接转把什么线，只有信号和电源，
电机正常哪里坏，就是转把在耍赖。

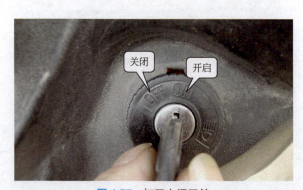

图4-77　打开电源开关

#### 2. 电压测量法

① 由于调速转把的电源电压和信号电压都不超过5V，故选用数字万用表的直流电压20V挡，如图4-80所示。

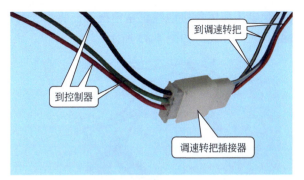

图 4-78 与调速转把相连插接器的位置

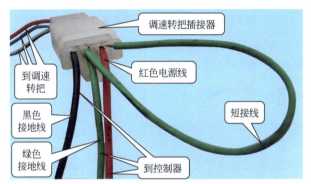

图 4-79 短接调速转把的电源线和信号线

图 4-80 数字万用表 20V 直流电压挡的选取

②打开电源开关,如图 4-81 所示,然后将黑表笔接调速转把的黑色地线,红表笔接红色电源线,万用表显示 5V 左右,则表明电源电压正常,测量方法如图 4-82 所示。

图 4-81 打开电源开关

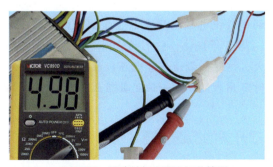

图 4-82 调速转把电源电压的检测

③ 在调速转把 5V 电源电压和黑色接地线正常情况下,将黑表笔接调速转把插接器上的黑色线,红表笔接插接器上的信号线,如图 4-83 所示。

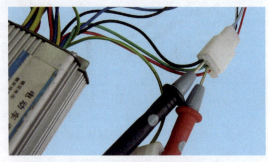

图 4-83　信号电压检测时黑红表笔的位置

④ 转动调速转把,万用表显示值应在 1～4.2V 变动,测量方法如图 4-84 所示。若万用表显示某一恒定数值或为 0,则表明调速转把损坏,应予以更换,测量方法如图 4-85 所示。

图 4-84　调速转把信号电压的检测

图 4-85　信号电压为某一恒定数值

> **提示**
> 
> 调速转把电源电压来源于控制器内部的三端稳压集成电路,一般用 7805、7806、7812、7815 等规格,它们的输出电压分别是 5V、6V、12V、15V。转动调速转把由小到最大,这时,调速信号电压应在 1～5V、1～6V、1～12V、1～15V 内变动。若实测时万用表显示某一恒定数值成为 0,则表明调速转把异常,应予以更换。

## 四、闸把开关的检测技巧

现以最普遍使用的机械常开型闸把开关为例讲述其检修技巧。具体检测如下:

① 将闸把开关从插接器处脱离电路，如图4-86所示。

图4-86　将闸把开关脱离电路

② 选择数字万用表的200Ω电阻挡，如图4-87所示。

图4-87　选择200Ω电阻挡

③ 常态下（不握闸把），让黑、红表笔分别接闸把开关的线上，万用表应显示"1."，即为断路状态，如图4-88所示。

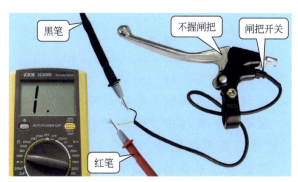

图4-88　常态下（不握闸把）检测

④ 让黑、红表笔接闸把开关线上不动，握下闸把后，万用表应显示"00.0"，即接通状态，如图4-89所示。

图 4-89　制动状态下（握闸把）检测

⑤若常态下（不握闸把）万用表显示"00.0"（如图 4-90 所示），或制动状态下（握闸把）万用表显示"1."（如图 4-91 所示），都说明闸把开关损坏。由于闸把开关无法修理，应予以更换。

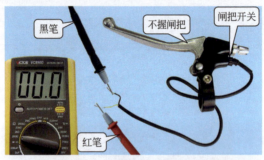

图 4-90　常态下（不握闸把）万用表显示值异常

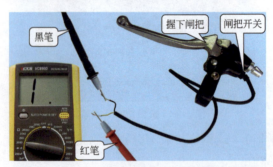

图 4-91　制动状态下（握闸把）万用表显示值异常

### 要诀 30

闸把开关有两种，引线多少要分清，
现以两根来说明，检修技巧大致同，
脱离闸把电路中，选择 200Ω 量程，
闸把引线黑红笔接，常态电路不相通，
黑红表笔不要动，握下闸把显示零，
上述说明闸把行，两种状态见分明，
常态仪表显示零，闸把故障已锁定，
握下闸把显无穷，说明闸把不能用。

提示

无论常开或常闭闸把开关均有一根引线，手握紧或完全放松时，只要两根引线间的电阻值是 0 或无穷大即可，若同时为 0 或同时无穷大，则表明闸把开关损坏，应予以更换。

## 五、调速转把的更换技巧

调速转把是电动自行车的易损件之一，更换调速转把是维修的重中之重。调速转把的更换步骤如下。

① 用内六方扳手按逆时针方向旋松固定螺钉，如图 4-92 所示。

图 4-92　调速转把固定螺钉的拆卸

② 按如图 4-93 所示的方法拆下调速转把。

图 4-93　拆下调速转把

③ 关闭电源开关，如图 4-94 所示。

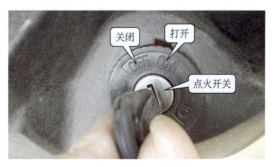

图 4-94　关闭电源开关

④ 用尖嘴钳剪断调速转把引线，如图 4-95 所示。

图 4-95　剪断调速转把引线

⑤ 将新调速转把引线和剪断的 3 根导线用剥线钳去皮，如图 4-96 所示。

图 4-96　对引线去皮

⑥ 将新调速转把上的红色与线束中的红线对接，如图 4-97 所示。

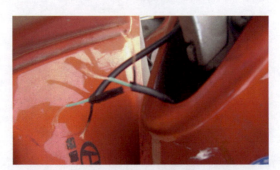

图 4-97　红线的对接

⑦ 再将调速转把上的黑色线与线束中的黑色线对接，如图 4-98 所示。

图 4-98　黑线的对接

⑧ 将调速转把和线束中余下的一根导线对接，如图 4-99 所示（一般调速转把的电源线和接地线都分别是红色、黑色，信号线色有所不同，一般情况是绿色，也有其他线色）。

图 4-99　余下一根线的对接

⑨ 用电工绝缘胶布包好接头，如图 4-100 所示。

图 4-100　用电工绝缘胶布对接头绝缘

⑩ 用螺钉将调速转把固定在右把上，如图 4-101 所示。

图 4-101　调速转把的固定

## 要诀 31

调速转把需更换，装配要知啥重点，
转把导线 3 根线，接线之时要剪断，
一定要把颜色看，电源红线很明显，
信号接地很难辨，不是没有办法判，
十几年维修有经验，在此总结众人看，
如有红色是电源，黑色或绿色是地线，

剩余一根是信号线，排除方法并不难，
黑绿导线同时现，绿色为信号黑地线，
信号线色不明显，通常情况白黄验。

> **提示**
> 调速转把更换后，需要接线时应注意：红色线为调速转把电源线，黑色或绿色为地线，信号线不定。若同时有黑色和绿色线时，黑色为地线，绿色为信号线；一般情况下，白、黄色线为信号线。

## 六、闸把的更换技巧

现以左闸把的更换为例加以说明。

① 拆卸闸把前，应先在前制动器附近松掉刹车线，如图 4-102 所示。

图 4-102 松下刹车线

② 拆下倒车镜。

③ 用尖嘴钳剪断闸把开关引线，如图 4-103 所示。

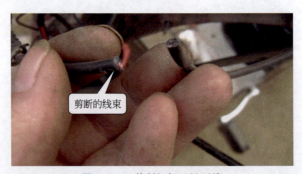

图 4-103 剪断闸把开关引线

④ 由于闸把与车把固定较紧，应用合适的活动扳手和锤子按如图 4-104 所示的方法向外砸，取下握把，如图 4-105 所示。

⑤ 取下组合开关，如图 4-106 所示，再旋下闸把固定螺钉，如图 4-107 所示。按如图 4-108 所示的方法取下闸把。

⑥ 闸把的安装方法与上述方法相反。

图 4-104 活动扳手和锤子的操作

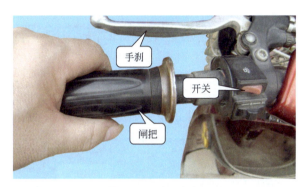

图 4-105 取下握把

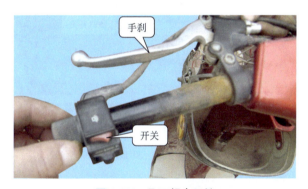

图 4-106 取下组合开关

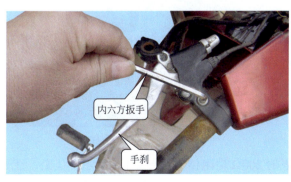

图 4-107 旋下闸把固定螺钉

图 4-108 取下闸把

## 第三节 车身典型电气部件的检测技巧

### 一、喇叭开关的检测技巧

豪华电动自行车喇叭开关在左把座上的位置如图 4-109 所示,其检测方法如下。

图 4-109 喇叭开关在左把座上的位置

① 由于左把座上还有变光开关、转向开关,其引线较多,喇叭上的引线难以分辨,于是分解把座,找到喇叭开关引线为黑色和棕色,如图 4-110 所示。

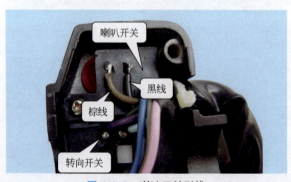

图 4-110 喇叭开关引线

② 选取数字万用表的 200Ω 电阻挡,如图 4-111 所示,让黑、红表笔分别接在喇叭开关内部 2 个接线焊点上,常态下万用表应显示"1.",测量方法如图 4-112 所示。否则表明喇叭开关内部弹簧弹力过小,应修复或更换。

图 4-111　200Ω 电阻挡的选取

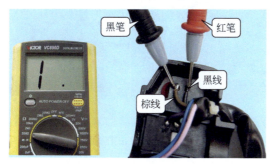

图 4-112　常态不按喇叭按钮时的检测

③ 让黑、红表笔接喇叭开关内部 2 个接线焊点上不动，按下喇叭开关按钮，万用表应显示"00.0"，如图 4-113 所示。否则表明喇叭开关的内部触点接触阻值过大，应修复或更换。

图 4-113　按下喇叭按钮时的检测

## 要诀 32

喇叭开关需要检，豪华车型难分辨，
分解把座导线显，一眼看到喇叭焊点，
用表 200Ω 挡验，焊点被黑红表笔连，
表上无穷大数值显，否则维修或更换，
表笔不动把按钮按，表上零欧数值现，
阻值较大应更换，劝君牢记认真看。

> **提示**
>
> 喇叭开关实际上是相当于电工上的单刀单掷开关（即闸刀开关），它有两个状态，即接通和闭合。测量时用万用表的电阻挡，黑、红表笔分别接在喇叭引出线或两个焊点上，按下喇叭按钮，万用表显示较小阻值；松开喇叭按钮，万用表显示无穷大。若按下或松开喇叭按钮时，万用表均显示无穷大或均显示较小阻值，表明开关损坏。

## 二、转向开关的检测技巧

豪华电动自行车转向开关的位置如图 4-114 所示。其检测方法如下。

图 4-114　转向开关在把座上的位置

① 不仅转向开关在左把座上，而且喇叭开关和变光开关也在其上，转向开关的引线在外部无法分辨，只有打开把座才能得知。转向开关内部电路连接如图 4-115 所示。

| 挡位 | 左转输出 | 电源输入 | 右转输出 |
|---|---|---|---|
| ⇐（左转） | ○—————○ |  | ○ |
| 中间 | ○ | ○ | ○ |
| ⇒（右转） | ○ | ○—————○ |  |
|  | 紫线 | 绿线 | 浅蓝线 |

图 4-115　转向开关内部电路连接

② 拆开左把座可看到与转向开关相对呈"一"字形的三个焊点，如图 4-116 所示，由此判断中间的焊点所接的线为转向开关的输入线，其余为左侧输出线或右侧输出线。

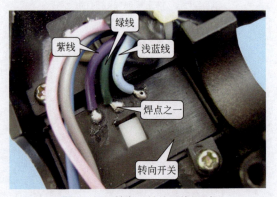

图 4-116　转向开关的引线识别

③ 选用万用表 200Ω 电阻挡，如图 4-117 所示。

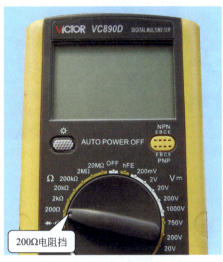

图 4-117　200Ω 电阻挡的选择

④ 将转向开关拨至左转位置，如图 4-118 所示，然后将一只表笔接在中间焊点上，另一表笔分别与其余 2 个焊点接触，当接触左转焊点时万用表显示"00.0"，为正常，如图 4-119 所示；接触右转焊点时万用表显示"1."，如图 4-120 所示。否则表明转向开关的左转部分异常，应修复或更换。

### 要诀 33

> 转向开关怎么检，豪华车型难分辨，
> 分解把座导线显，一字型三个焊点，
> 中间焊点输入线，左右焊点与灯连，
> 用表 200Ω 挡验，一只表笔接中间，
> 另只表笔左右点，一通一断好触点，
> 如果表笔左右点，显示无穷应更换。

图 4-118　左转位置

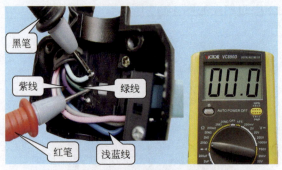

图 4-119　左转时，中间焊点与左转焊点相通

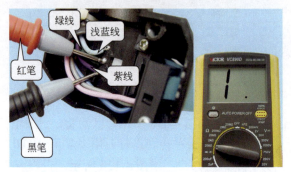

图 4-120　左转时，中间焊点与右转焊点断开

⑤ 将转向开关拨向右转位置，如图 4-121 所示，保持接中间焊点的表笔不动，另一表笔分别与其余 2 个焊点接触，当接触左转焊点时万用表显示"1."为正常，如图 4-122 所示；接触右转焊点时万用表显示"00.0"，如图 4-123 所示。否则表明转向开关的右转部分异常，应修复或更换。

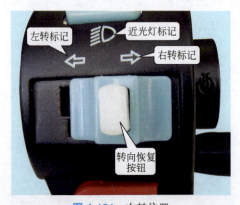

图 4-121　右转位置

> **提示**
>
> 　　转向开关相当于电工上的单刀三掷开关，当转向开关居中时，转向开关输入线与左右指示灯线均不通；当转向开关扭向左转向时，转向开关输入线与左转向灯线相通，与右转向灯线不通；当转向开关扭向右转向时，转向开关输入线与右转向灯线相通，与左转向灯线不通。

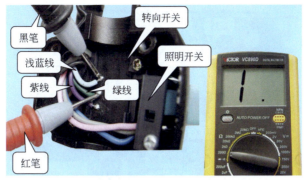

图 4-122　右转时，中间焊点与左转焊点断开

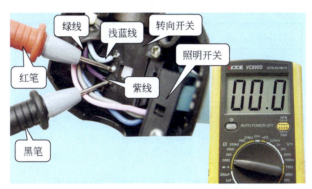

图 4-123　右转时，中间焊点与右转焊点相通

## 三、变光开关的检测技巧

变光开关在左把座上的位置如图 4-124 所示。变光开关 3 根引线在不分解把座的情况下是无法分辨的，打开把座看到与变光开关相接的有 3 根线，其中中间一根灰色线为电源的输入线（来自照明开关），上边的粉红色线为近光灯线（向前大灯内的近光灯丝供电），下边的蓝色线为远光灯线（向前大灯的远光灯丝供电），具体如图 4-125 所示。变光开关的内部连接如图 4-126 所示。

图 4-124　变光开关在左把座上的位置

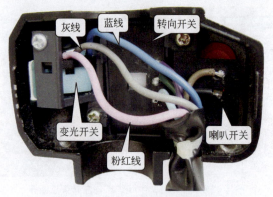

图 4-125　变光开关的引线识别

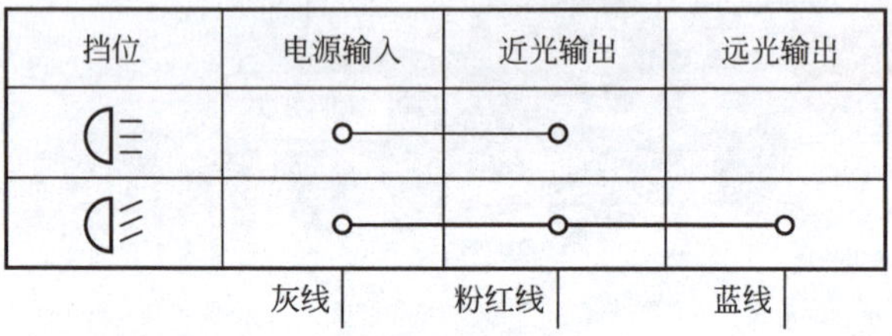

| 挡位 | 电源输入 | 近光输出 | 远光输出 |
|---|---|---|---|
| ◐≡ | ○————————○ | | |
| ◐≡ | ○—————————————————○ | | |
| | 灰线 | 粉红线 | 蓝线 |

图 4-126　变光开关内部电路连接

变光开关检测技巧如下。

① 由于在变光开关上不便测量焊点，故在左把座的插接器上找出变光开关三根线，如图 4-127 所示，以便检测。

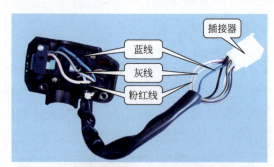

图 4-127　变光开关三根引线在插接器上的位置

② 选取数字万用表的 200Ω 电阻挡，如图 4-128 所示。

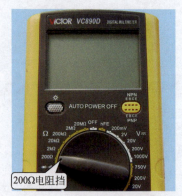

图 4-128　200Ω 电阻挡的选择

③ 将变光开关拨向近光位置，如图 4-129 所示，将万用表一只表笔接插接器与灰色线相连的插头，将另一表笔接插接器与近光灯粉红色线相连的插头，此时万用表应显示"00.0"，如图 4-130 所示，否则表明变化开关中的近光部分有故障，应修复或更换。

图 4-129　近光灯位置

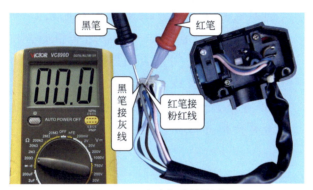

图 4-130　近光部分的检测

④ 将变光开关拨向远光位置，如图 4-131 所示，将一只表笔接插接器与灰色线相连的插头，将另一表笔接插接器与远光灯蓝色线头，此时万用表应显示"00.0"，如图 4-132 所示，否则表明变光开关中的远光部分有故障，应修复或更换。

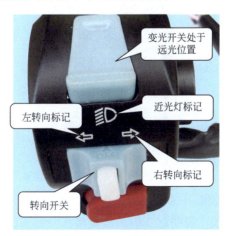

图 4-131　远光灯位置

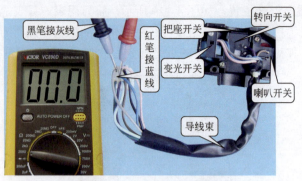

图 4-132　远光部分的检测

### 要诀 34

变光开关怎么检，检测焊点方法难，
找到开关 3 根线，输入线确定是关键，
本例灰色输入线，用表 200Ω 挡验，
一只表笔接灰线，近光位置固定点，
两根导线另一笔连，一根导通一根断，
近光良好已得判，否则维修或更换；
一只表笔接灰线，远光位置固定点，
两根导线另一笔连，两线导通故障显，
如有一根导线断，需要维修或更换。

## 四、照明开关的引线功能检测技巧

照明开关在右把座上的位置如图 4-133 所示。由于照明开关有 5 根导线，其引线功能难以确定，应采用测量的方法才能确定。

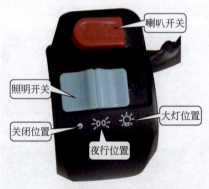

图 4-133　照明开关在右把座上的位置

① 分解把座，可观察到照明开关上有 6 个焊点，并有引线相连，如图 4-134 所示。其中有 2 个焊点上的引线都是黄线，说明这 2 根黄线是接在一起输出的，表明照明开关有 5 根功能不同的线，即黄、黑/红/绿/白、棕、深绿。

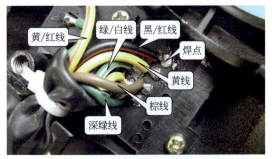

图 4-134 照明开关的引线连接

② 选取万用表的 200Ω 电阻挡，如图 4-135 所示。

图 4-135 200Ω 电阻挡的选取

③ 把照明开关拨向"点"位置，如图 4-136 所示。用万用表测量，只有黄和黑/红线相通，如图 4-137 所示。

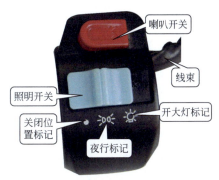

图 4-136 照明开关处于"点"位置

图 4-137 "点"位置时相通的导线

④ 把照明开关拨向"双灯"位置，如图 4-138 所示。用万用表测量，只有黄、棕、绿/白线相通，如图 4-139 所示。

图 4-138　照明开关处于"双灯"位置

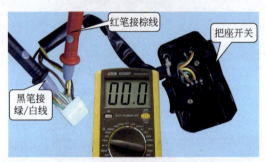

(a) 绿/白与棕相通

(b) 绿/白与黄相通

图 4-139　"双灯"位置相通的导线

⑤ 把照明开关拨向"大灯"位置，如图 4-140 所示。用万用表测量，只有黄、棕、绿/白线相通，如图 4-141 所示。

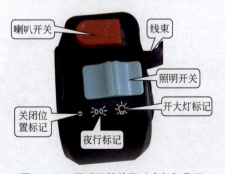

图 4-140　照明开关处于"大灯"位置

(a) 黄与棕相通

(b) 绿/白与黄相通

图 4-141 "大灯"位置相通的导线

由上述测量得出照明开关内部电路连接如图 4-142 所示。

| 挡位 | 电源输入线 | 仪表照明灯线 | 前小灯线 | 变光开关电源 | 备用 |
|---|---|---|---|---|---|
| ● | ○————————————————————————○ | | | | |
| ⫿🔆 | ○————————○————————○ | | | | |
| 🔆 | ○————————○————————————————○ | | | | |
| | 黄 | 棕 | 绿/白 | 深绿 | 黑/红 |

图 4-142 照明开关内部电路连接

> **提示**
>
> 转向开关、变光开关、照明开关的检查特别重要。若发现内部焊点脱焊、虚焊时，应进行补焊；若触点严重烧蚀，应整体更换。

## 要诀 35

照明开关怎么检，检测焊点方法难，
找到开关 5 根线，输入线确定是关键，
用表 200Ω 挡验，一只表笔接输入线，
关闭位置固定点，4 根导线另一笔连，
1 根导通 3 根断，关闭位置是安全，

夜行位置固定点，一只表笔接输入线，
4根导线另一笔连，2根导通2根断，
夜行位置是安全，认真理解不要烦，
大灯位置固定点，一只表笔接输入线，
4根导线另一笔连，2根导通2根断，
大灯位置也安全，认真理解要记全。

## 第四节 充电器和电源（蓄电池）的检测技巧

### 一、充电器空载电压的检测技巧

充电器空载电压的检测如下。

① 将充电器电源输入插头插到电源插座上，如图 4-143 所示。

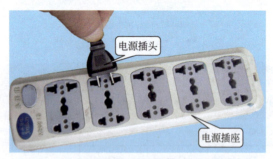

图 4-143 将充电器电源插头插入电源插座中

② 由于充电器的输出电压为 30～60V（不同充电器输出电压有所不同），故选用数字万用表的 200V 直流电压挡，如图 4-144 所示。

图 4-144 200V 直流电压挡的选取

③ 将万用表的黑、红表笔分别插入充电器输出插头中的两个位置相对应的插孔中，如图 4-145 所示。

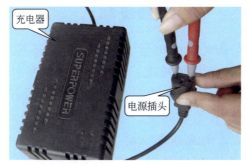

图 4-145　将黑、红表笔分别插入充电器电源输出插头上的孔中

④ 若万用表显示负值，如图 4-146 所示，应交换表笔再测。

图 4-146　万用表显示负值

⑤ 若万用表显示值正常（48V 蓄电池组，一般为 57V 左右），则表明充电器过载电压正常，如图 4-147 所示。

图 4-147　万用表显示值正常

⑥ 若万用表显示值小于 57V，如图 4-148 所示，则表明充电器异常，应予以修复或更换。

图 4-148　万用表显示值异常

### 要诀 36

空载电压咋测量，顺序检测心不慌，
输入插头插座上，选定直流200V挡，
黑红笔插在输出上，显示负值不要忙，
交换表笔重新量，判定电压是否正常；
48V蓄电池组怎么样，57V左右是正常，
小于57V啥情况，充电器异常没商量。

> **提示**
>
> 充电不正常时，首先请检查一下充电器输出插头与电池盒的充电插头有没有插紧。如确定没有问题，可检查一下电池盒上面的保险丝管是否开路或保险丝座是否有松动、接触不良现象。另外，有的车型要把电池锁打开后才能充电。如果以上故障均排除，考虑一下充电器输出线是否开路，可用万用表电压挡（200V挡）测量一下充电器的空载输出电压，应为41～44V（配36V电池，因充电器不同有所不同），并将充电器打开，换一根输出线，即可排除故障。在更换充电器输出线时，一定要注意原机的正、负极不要接反。

### 二、充电器负载电压的检测技巧

充电器负载电压的检测技巧如下。

① 打开蓄电池盒盖，如图4-149所示，露出单体蓄电池及其连线，以便测量蓄电池组的总电压。

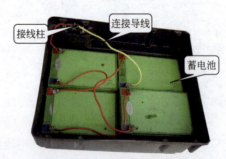

图4-149　蓄电池盒盖的打开

② 将充电器输出插头插入蓄电池盒上的充电插孔，如图4-150所示。

图4-150　将充电器输出插头插入蓄电池盒上的充电插孔

③将充电器输入插头插入电源插座上,如图4-151所示,向蓄电池组充电。

图 4-151　将充电器输入插头插入电源插座上

④ 由于蓄电池组由4只单体蓄电池串联而成,故选择万用表的200V直流电压挡,如图4-152所示。

图 4-152　200V 直流电压挡的选择

⑤ 将红表笔接蓄电池盒上的正极接线焊点,黑表笔接负极接线焊点,如图4-153所示。

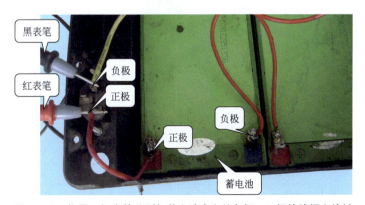

图 4-153　将黑、红表笔分别与蓄电池盒上的负极、正极接线焊点接触

⑥ 此时万用表显示的数值即是充电器的负载电压,测量方法如图4-154所示。

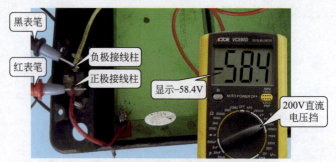

图 4-154 充电器负载电压的检测

### 要诀 37

负载电压咋测量，顺序检测心不慌，
打开盒盖可测量，输出插头插孔上，
输入插头插座上，选定直流 200V 挡，
红笔触及正极旁，黑笔接在负极上，
显示屏显示啥情况，负载电压没商量。

## 三、电源开关的检测技巧

电源开关根据不同车型一般有多种形式，其引出线有 2 根、3 根、4 根、5 根，现以使用较普遍的 2 根和 3 根电源开关为例加以说明。

### 1. 2 根引线电源开关

电源开关也叫电源锁，它是电路的总开关，2 根引线电源开关的外形如图 4-155 所示，其内部电路连接如图 4-156 所示。

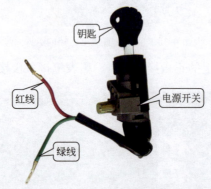

图 4-155 2 根引线电源开关的外形

| 钥匙位置 | 电源输入 | 电源输出 |
|---|---|---|
| OFF(关) | ○ | ○ |
| ON(开) | ○——|——○ |
| | 红 | 绿 |

图 4-156 2 根电源开关的内部电路连接

2 根引线电源开关的检测技巧如下。

① 将电源开关钥匙转至"OFF"位置，如图 4-157 所示，并把数字万用表的挡位开关置于 200Ω 挡，如图 4-158 所示。

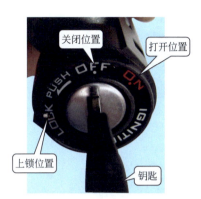

图 4-157 钥匙处于"OFF"位置

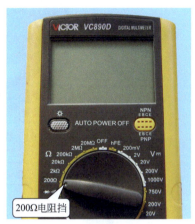

图 4-158 200Ω 电阻挡的选取

② 将万用表的红、黑表笔分别接在电源开关的输入（红色）和输出（绿色）线上，显示屏应显示无穷大"1."为正常，如图 4-159 所示。若不显示无穷大"1."（如图 4-160 所示），则表明该电源开关损坏。

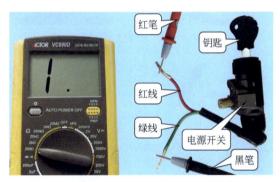

图 4-159 "OFF"位置显示屏显示正常

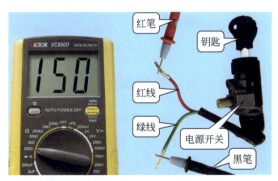

图 4-160 "OFF"位置显示屏显示异常

③ 将电源开关钥匙转至"ON"位置，如图 4-161 所示，黑、红表笔分别接电源开关输入（红色）和输出（绿色）线不动，万用表应显示"00.0"为正常，如图 4-162 所示。若有一定数值（如图 4-163 所示），则表明电源开关触点接触电阻较大，应予以更换。

图 4-161 钥匙处于"ON"位置

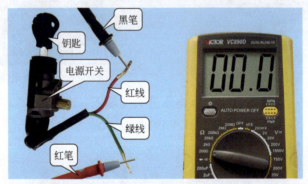

图 4-162 "ON"位置显示屏显示正常

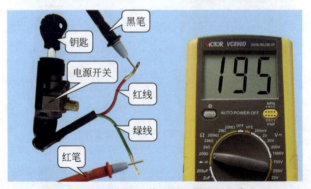

图 4-163 "ON"位置显示屏显示异常

## 要诀 38

电源开关有故障，万用表前来把忙帮，
选定电阻200Ω挡，钥匙处于关闭上，
表笔接在引线上，无穷大显示是正常；
选定电阻200Ω挡，钥匙处于开启上，
表笔接在引线上，00.0显示是正常；
两种状态都异常，电源开关有故障。

> **提示**
>
> 2根引线电源开关也像电工的单刀单掷开关,将电源开关放在"OFF"位置时,2根引线不导通;电源开关放在"ON"位置时,2根引线导通。否则,表明电源开关损坏。

### 2.3根引线电源开关

3根引线电源开关的外形如图4-164所示,其内部电路连接如图4-165所示。

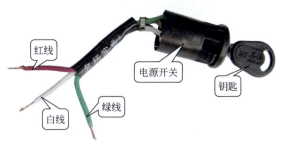

图4-164 3根引线电源开关的外形

| 钥匙位置 | 电源输入 | 白天工作<br>(ON挡)输出 | 照明<br>(P挡)输出 |
|---|---|---|---|
| OFF(关) | ○ | ○ | ○ |
| ON(开) | ○—— | ——○ | ○ |
| P(夜行) | ○—— | ——○—— | ——○ |
|  | 红 | 白 | 绿 |

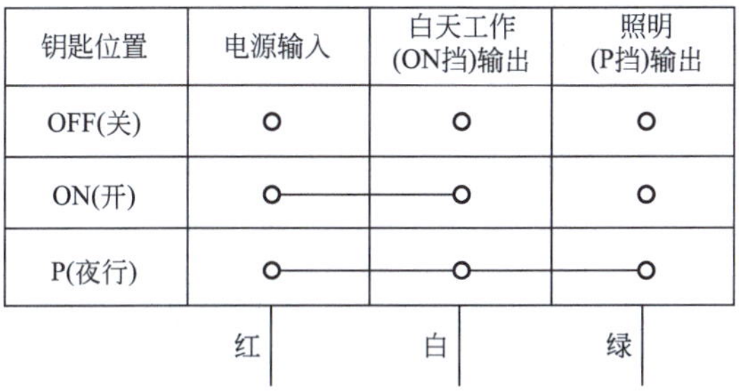

图4-165 3根引线电源开关的内部电路连接

3根引线电源开关的检测技巧如下。

① 把数字万用表的挡位开关置于200Ω电阻挡,如图4-166所示。

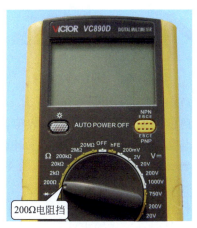

图4-166 200Ω电阻挡的选择

② 将电源开关钥匙转至"OFF"位置,如图4-167所示,再将万用表的一只表笔接红色电源输入线,另一只表笔分别接白色白天工作输出线和绿色照明输出线,万用表显示屏都显

示无穷大为正常,测量方法如图 4-168 所示。

图 4-167 钥匙置于"OFF"位置

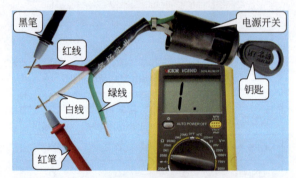

(a) 红色线和白色线

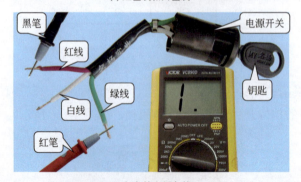

(b) 红色线和绿色线

图 4-168 "OFF"挡的检测

③ 将电源开关钥匙转至"ON"位置,如图 4-169 所示,再将万用表的一只表笔接红色电源输入线,另一只表笔接白色白天工作输出线,万用表应显示"00.0",如图 4-170 所示。若有较大的阻值显示,则表明该触点损坏。然后保持红色电源线的表笔不动,另一只表笔接绿色照明输出线,此时万用表显示屏应显示"1.",如图 4-171 所示,否则表明电源开关损坏。

④ 将电源开关钥匙转至"P"位置,如图 4-172 所示,再将万用表的一只表笔接红色电源输入线,另一只表笔分别接白色白天工作输出线和绿色照明输出线,万用表显示屏都显示"00.0"为正常,如图 4-173 所示。若显示值较大,则表明触点接触阻值过大,应更换电源开关。

图 4-169 钥匙置于"ON"位置

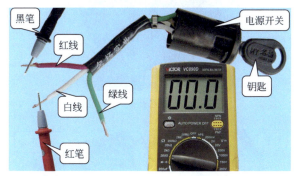

图 4-170 "ON"挡红色线与白色线的检测

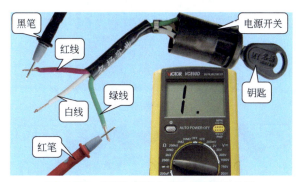

图 4-171 "ON"挡红色线与绿色线的检测

## 要诀 39

电源开关三根线，检修方法真方便，
脱离电路3根线，电源红线很常见。
选定电阻200Ω挡，钥匙处于挡位关，
表笔接上红色线，2根导线另一笔连，
所测阻值2根断，关闭挡位是安全；
选定电阻200Ω挡，钥匙处于挡位开，
表笔接上红色线，2根导线另一笔连，
一根通来一根断，打开挡位是安全；

选定电阻200Ω挡，钥匙处于夜行挡，
表笔接上红色线，2根导线另一笔连，
三根都通没有断，夜行挡位是安全。

图 4-172　钥匙置于"P"位置

(a) 红色线和白色线

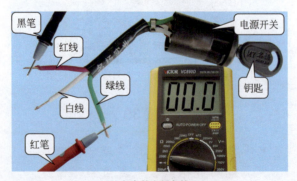

(b) 红色线和绿色线

图 4-173　"P"挡的检测

## 四、空气开关（电摩用）的检测技巧

空气开关的外形如图 4-174 所示，其常安装在电摩坐垫下面的纳物箱内，作用相当于串联在电源电路中的熔断器，其内部结构如图 4-175 所示。当空气开关扳手置于"ON"位置时，如图 4-176 所示，该开关处于接通状态，如图 4-177 所示，当电路某处短路而使电源输出电流过大时，其内部的双金属片受热膨胀而切断电源，从而起保护作用，这时空气开关扳手处于"OFF"位置，如图4-178所示，其开关触点断开，如图4-179所示。

### 要诀 40

空气开关常用到，仔细听我表一表，
ON 位置接通好，电路工作效率高，
电路短路起保护，切断电源又高效，
OFF 位置断路好，电器工作都停了。

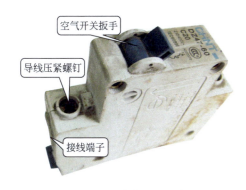

图 4-174　空气开关的外形

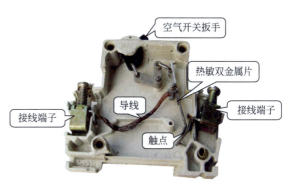

图 4-175　空气开关的内部结构

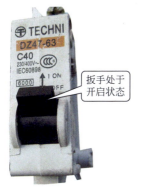

图 4-176　空气开关处于"ON"位置

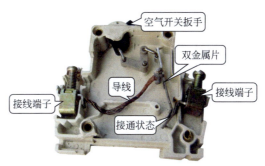

图 4-177　空气开关的接通状态

图 4-178　空气开关处于"OFF"位置

图 4-179　空气开关的断开状态

空气开关常出现的故障有开关失灵和内部触点接触电阻过大。其检修技巧如下。

① 选取数字万用表的 200Ω 电阻挡，如图 4-180 所示。

图 4-180　200Ω 电阻挡的选择

② 将空气开关处于"ON"位置，如图 4-181 所示。

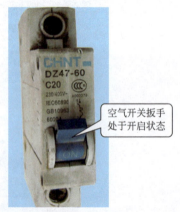

图 4-181　空气开关处于"ON"位置

③ 将黑、红表笔分别接空气开关的两个接线组合上，此时万用表应显示"00.0"，如图 4-182 所示，则表明空气开关正常。

图 4-182　空气开关导通

④ 若万用表显示有一定数值，如 185Ω 或 "1."（无穷大），如图 4-183 所示，则表明空气开关损坏。由于空气开关是一次性器件，损坏时无法修理，应予以更换。

(a) 接触电阻过大

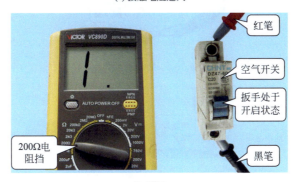

(b) 断开

图 4-183　空气开关异常

> **提示**
>
> 空气开关与家庭配电所用空气开关原理相同，当开关扳到"ON"位置时，线路接通；当开关扳到"OFF"位置时，线路断开。这是空气开关检测技巧的理论依据。

## 五、转换器的检测技巧

转换器的外形如图 4-184 所示，其作用是将蓄电池组的 36V 或 48V 电压转换为信号、照明系统所需要的 12V 电压。它是一种直流转换器，红色线一般是电源的输入端，输入电压为 30～60V，在该线中一般串联有熔断器，若电路某处短路会使熔断器烧断，避免转换器或其他部件烧毁；黄色线为转换器的输出端，输出电压一般为 12V，最大输出电流可达 10A；黑色线一般为接地线。转换器的引线功能如图 4-185 所示，铭牌如图 4-186 所示，内部结构如图 4-187 所示。

### 要诀 41

转换器很重要，电压转换离不了，
蓄电池电压比较高，12V 电压有它搞，
电路熔断器真正好，电路短路有它保；
引出线色很重要，线色功能要记牢，

红色电源要知晓，黑线为地是国标，
输出端线考虑到，黄色输出表示好。

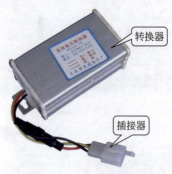

图4-184 转换器的外形

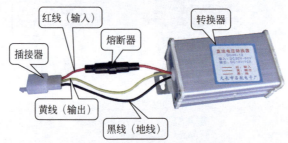

图4-185 转换器的引线功能

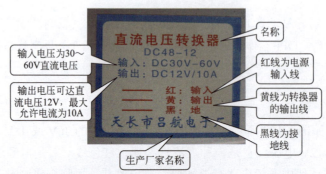

图4-186 转换器的铭牌

图4-187 转换器的内部结构

转换器的检测技巧如下。

① 由于转换器的输出电压为 12V，故选用数字万用表的 20V 直流电压挡，如图 4-188 所示。

② 打开电源开关，如图 4-189 所示。

图 4-188　20V 直流电压挡的选择

图 4-189　打开电源开关

③ 将万用表的黑表笔接转换器的黑色接地线，红表笔接黄色输出线，万用表应显示 12.1V，如图 4-190 所示。

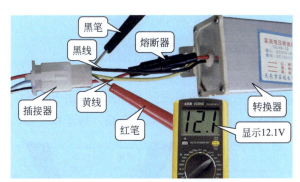
图 4-190　转换器输出电压正常

④ 若上述测量显示值过低或为 0，如图 4-191 所示，不能说明转换器损坏，需要检测转换器输入线电压是否正常，黑色线是否接地良好。

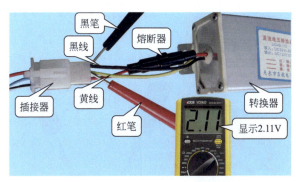
图 4-191　转换器输出电压异常

⑤ 旋下与电源输入红色线相连的熔断器，如图 4-192 所示。

⑥ 选取万用表的 200Ω 电阻挡，如图 4-193 所示。

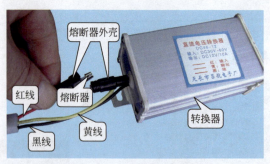

图 4-192 熔断器的组件

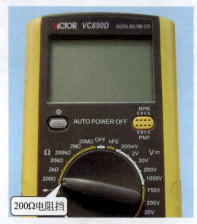

图 4-193 200Ω 电阻挡的选取

⑦ 将黑、红表笔分别接在保险管的两端，万用表应显示"00.0"为正常，如图 4-194 所示。若显示"1."如图 4-195 所示，则表明保险管断路，应予以更换。

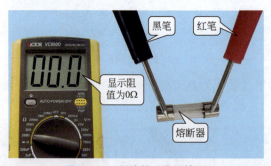

图 4-194 保险管正常的检测

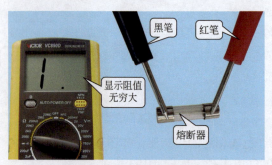

图 4-195 保险管断路的检测

⑧ 由于转换器的输入电压为 30～60V，故选用数字万用表的 200V 直流电压挡，如图 4-196 所示。

图 4-196　200V 直流电压挡的选取

⑨ 将黑表笔接转换器上的黑色接地线，红表笔接转换器的红色电源输入线，万用表显示值应为蓄电池组电压，如图 4-197 所示。

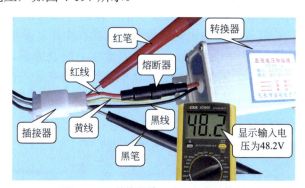

图 4-197　转换器输入电压正常的检测

⑩ 若红色电源输入线电压为 0V，如图 4-198 所示，则表明电源电路损坏或黑色接地线断路，并进行黑色接地线的检测。

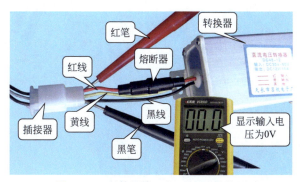

图 4-198　转换器输入电压为 0V 的检测

⑪ 若转换器输出电压为 0V 或较低，而转换器输入电压正常、熔断器正常且转换器接地良好，可确定转换器损坏。

## 要诀 42

转换器检测很重要，实际应用常碰到，
如果输出电压少，检查插接器要插牢，
如果电压还不高，要查输入红线电压，
如果红线电压好，转换器损坏就知道。

> **提示**
>
> 转换器也叫电压变换器，在某些电动自行车上，由于蓄电池电压较高，如48V、60V、72V，但信号、照明系统所要求的电压为12V，需要转换器才能将高电压变为低电压。检修时，测量转换器的输入电压是否约为蓄电池电压，输出电压是否为信号、照明系统电压。若输入电压正常而输出电压异常，则表明转换器异常，应修理或更换。

## 六、蓄电池组总电压的检测

### 1. 电动自行车充电插孔处检测

在维修中，蓄电池组总电压的检测是很重要的。最简单的检测方法是：用数字万用表200V 直流电压挡，让黑、红表笔接触电动自行车充电插孔中正、负极线插（此时测量的是蓄电池组的总电压），测量方法如图 4-199 所示。若数字万用表显示 48V 以上（4 只单体蓄电池）或 36V 以上（3 只单体蓄电池），则表明蓄电池组电量充足，否则表明蓄电池存电不足。在测量过程中，若数字万用表显示负值，如图 4-200 所示，则表明黑、红表笔接反了，但不影响实际读数。

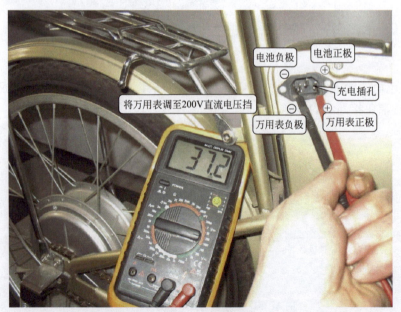

图 4-199　在电动自行车充电插孔处测量

图 4-200　数字万用表显示负值

### 要诀 43

电池组电压要知晓，检测技巧要记牢，
选用直流 200V 挡好，充电器插孔表笔到，
总电压屏幕都知道，如果电压显示少，
电量不足需提高，屏幕负值若来到，
黑红表笔接反了，变换表笔马上好。

提示

蓄电池充电柄孔的形状较多，正极和负极分布皆不相同，用数字万用表检测蓄电池电压时，不需记清哪是正极或负极。测量时，若万用表显示负值，交换一下测试表笔即可。若采用指针万用表测量，应用表笔短时间（3～5s）触及蓄电池充电插孔中的正极或负极，若表针不向电压值较大的方向摆动，应立即交换表笔，避免万用表烧坏。

### 2. 分解蓄电池盒后检测

在拆卸蓄电池盒盖后，可对蓄电池总电压进行测量，具体方法是：选取数字万用表的 200V 直流电压挡，让红表笔接蓄电池盒接线端子上的红色线（蓄电池组的正极），黑表笔接黑色线，此时数字万用表显示的数值即是蓄电池组的总电压，具体测量方法如图 4-201 所示。若所测电压为 48V 以上，则表明蓄电池组电量充足（该蓄电池组的总电压为 51.9V）。若电压为 0V，则表明蓄电池组中某两个单体蓄电池间连接断路、接触不良或某单体蓄电池有断格现象。

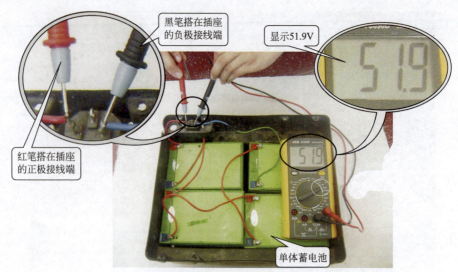

图 4-201 蓄电池组总电压的测量

### 七、单体蓄电池端电压的检测

选取数字万用表的 20V 直流电压挡，让红表笔接蓄电池的正极（涂红色的电极），黑表笔接负极（涂绿色、蓝色或未涂颜色的电极），此时万用表显示电压为 11.18V，测量方法如图 4-202 所示。若显示屏显示值大于 12，则表明蓄电池存电充足；若显示值过低，则表明电量不足；若显示值为 0，则表明该单体蓄电池有断格现象。

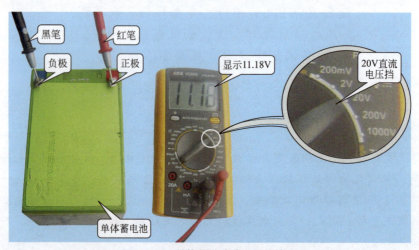

图 4-202 单体蓄电池端电压的检测

> **提示**
>
> 若显示值在 11.6 以下，则表明有极板严重损坏的单格，应更换该单体蓄电池。

### 八、电阻丝放电技巧

目前蓄电池放电使用较多的是电阻丝放电，这种方法不需要仪器，效果明显且方便易

134

行。一般容量为 10～12A·h 的蓄电池放电电流为 5A；17～18A·h 蓄电池放电电流为 8A；20～24A·h 的蓄电池放电电流为 10A。

**1. 电阻丝的选择**

电阻丝的选择要根据放电电流的大小进行选取。现以 12V/10A·h 蓄电池放电为例加以说明。按图 4-203 将 4 只单体蓄电池串联后，负极接到电阻丝的一端，即 $B$ 处，正极与数字万用表的红表笔相接（即将数字万用表串联在电路中，要注意黑、红表笔的极性），然后选择数字万用表的直流电流 20A 挡，将数字万用表的黑表笔从电阻丝 $A$ 端向 $B$ 端间断触及，这时万用表读数逐渐增大，当读数为 5A 时记下黑表笔与电阻丝接触的位置 $C$，则电阻丝 $B$、$C$ 点间的位置就是所选 5A 放电电阻丝的长度。电阻丝选择的实际操作如图 4-204 所示，其他电流放电电阻丝的长度选择与上述方法完全相同。

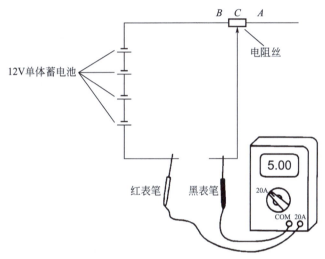

图 4-203　电阻丝选择示意图

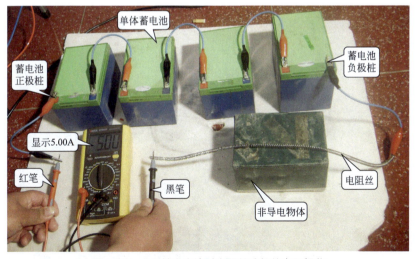

图 4-204　5A 放电电流时电阻丝选择的实际操作

**2. 电阻丝放电接线**

① 首先将 4 只 12V/10A·h 单体蓄电池放置在地面上并串联在一起而成一组，如图 4-205 所示。

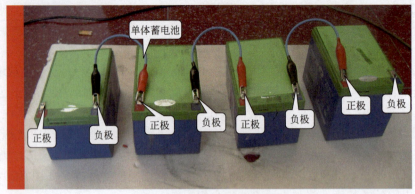

图 4-205 单体蓄电池的串联

② 将蓄电池组的正、负极各接上鳄鱼夹，如图 4-206 所示。

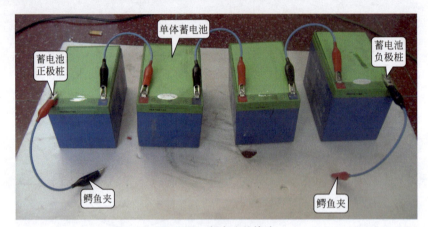

图 4-206 鳄鱼夹的接法

③ 将电阻丝放置在干燥的砖块或石块等非导电物上，避免电阻丝短路，如图 4-207 所示。

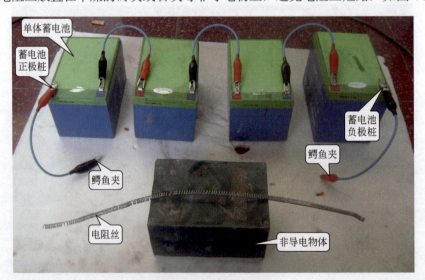

图 4-207 电阻丝的放置

④ 先将一只鳄鱼夹夹在电阻丝的 $B$ 端，如图 4-208 所示，然后将另一鳄鱼夹迅速夹在电阻丝的 $C$ 端，如图 4-209 所示，这时蓄电池开始对电阻丝放电。

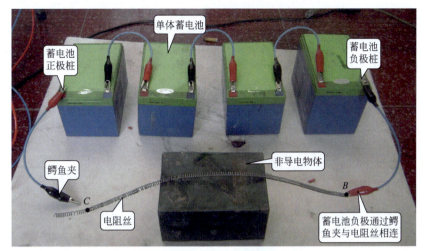

图 4-208　一只鳄鱼夹的连接

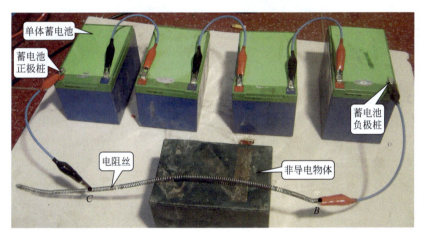

图 4-209　电阻丝连接完毕进行放电

### 3. 蓄电池向电阻丝放电

在蓄电池放电过程中，各单体蓄电池的端电压在逐渐减小，其间应一人看守并用万用表或电压测试仪不断测量各单体蓄电池的端电压，如图 4-210 所示，其中一只单体蓄电池端电压为 11.95V。边测量边比较各单体蓄电池端电压的大小，检查是否有某只单体蓄电池端电压下降过快，在蓄电池组端电压为 42V 以上的情况下，从开始放电到蓄电池组总电压接近 42V 时，若各单体蓄电池的端电压都相近或相差不超过 0.5V，则表明蓄电池组内不存在落后的单体蓄电池存在。

## 要诀 44

蓄电池组咋放电，小心操作要规范，
接好电路再次检，这样放电才安全，
电压减小是逐渐，一人看守在一边，
测量电压要不断，下降过快需要选，
0.5V 相差良好显，极度相差应更换。

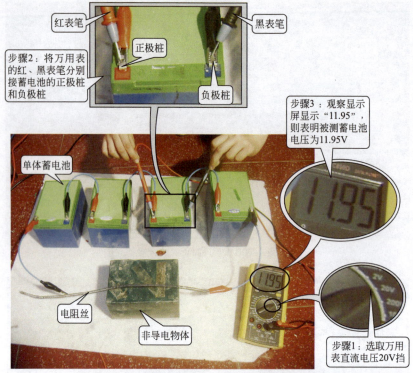

图 4-210　单体蓄电池端电压的检测

> **提示**
>
> 若在放电过程中，某单体蓄电池端电压比其他相差较大且超过 0.5V，则表明该单体蓄电池落后即容量减小，并记录首次充电电流和放电时间，以便与修复后相对比。

# 第五章 蓄电池的修复和组配

## 第一节 蓄电池的修复条件

使用蓄电池时，应按正规的操作方式进行，否则会造成蓄电池寿命缩短。蓄电池故障有人为因素，也有自然因素，损坏方式多种多样，并不是所有蓄电池故障都可用修复的方法使其恢复正常，且铅酸蓄电池修复是一个长时间的过程，因此，修复时要知道哪些现象可修复，哪些不可修复。判断蓄电池能否修复的具体条件如下。

### 一、不可修复的蓄电池

不可修复的蓄电池应符合以下条件。

① 观察蓄电池壳体，若发现有变形（鼓肚）或漏液现象，一般不能进行修复。

② 将蓄电池阀帽打开并倒出电解液，若电解液浑浊并严重发黑，则表明极板物质已硫化变质，软化膨胀且结构本体损坏。若蓄电池干涸，可将一定量的蒸馏水加入蓄电池并盖好阀帽，来回摇动蓄电池一段时间，再打开阀帽并倒出电解液，观察颜色，若呈混浊或发黑现象，则不能修复，应予以报废。

③ 用万用表测量单体蓄电池端电压若为0V，则表明蓄电池断格，不能修复。断格的单体蓄电池即不能放电又不能充电。

④ 对12V单体蓄电池进行充、放电检测后，若端电压为9V，则说明蓄电池内部有单格严重短路或有失效的单格存在。这样的蓄电池是不值得修复的。

⑤ 长期放置未充电，导致极板严重腐蚀的蓄电池不能修复。

⑥ 经过初次充、放电试验，蓄电池实际容量为额定容量的50%以下的不能修复。

**要诀 45**

蓄电池终结啥表现，请您慢慢听我言，
记着下边新规范，电池损坏不需验，
额定容量少一半，修复多次不能返，
充电放电做实验，外壳烫手不一般，

30min 充电就会满，骑行千米就没电，<br>
蓄电池性能降幅，其他故障就会现，<br>
如果出现这现象，蓄电池报废没商量。

> **提示**
>
> **蓄电池寿命终结的表现**
>
> 蓄电池的使用寿命不能以年限来衡量，它与用户的使用条件和电动自行车的运行状况有关。铅酸蓄电池寿命终结的表现如下。
>
> ① 蓄电池电量低于额定容量的 50% 时，经多次修复无法将其容量提高。
>
> ② 蓄电池无论是充电还是放电，其外壳都严重发热。发热的原因是极板上的活性物质严重脱落，内阻增大，发热量增大。打开蓄电池安全阀，可以看到电解液发黑。
>
> ③ 充电不到 30min 就会满，骑行不到 1km 就没电了。
>
> ④ 蓄电池的各种性能大幅度下降，极易出现一系列故障，如蓄电池各部分受热变形、短路、断路甚至爆破等。
>
> 寿命终结的蓄电池禁止使用，应及时更换。

## 二、可修复的蓄电池

修复前应对被修复蓄电池进行初次检查，若初始容量不满足要求，应予以放弃，否则费时、费力、费电，也达不到修复效果。可修复蓄电池应符合以下条件。

① 蓄电池外壳较为完整，不存在变形（鼓肚）、漏液等现象。这些现象可直接观察。

② 蓄电池内部不存在短路或断路现象。可用万用表和蓄电池容量检测仪测量。

③ 蓄电池的使用时间为 0.6～1.5 年。可向蓄电池用户询问具体情况，如是随车的还是有故障时换的旧货，用了多长时间等。有的蓄电池上标明了出厂日期（可参考）。

④ 蓄电池初始检查实际容量不小于额定容量的 50%。可用仪器对蓄电池进行充、放电初始检查，计算出容量是否在可修复范围内。

⑤ 蓄电池因维护不当造成电解液干涸或极板硫酸化。

⑥ 蓄电池电解液不混浊、不发黑。检查方法见"一、不可修复蓄电池"。

⑦ 单体蓄电池端电压高于额定电压的 20% 以上，即高于 9.6V。

> **知识拓展**
>
> 蓄电池放电后，极板上一部分活性物质将转变为硫酸铅，这些硫酸铅应当是细小的结晶体，在充电过程中会逐渐被还原。在不正常情况下，当硫酸铅晶体变得粗大而坚硬时，会阻碍电解液与极板上的活性物质进行化学反应，减少活性物质的作用量，并使极板电阻变大。当极板上出现粗大而坚硬的硫酸铅晶体时，称作极板硫酸化，或称极板硫化。

## 三、蓄电池的修复判断流程

蓄电池的修复判断流程如图 5-1 所示。

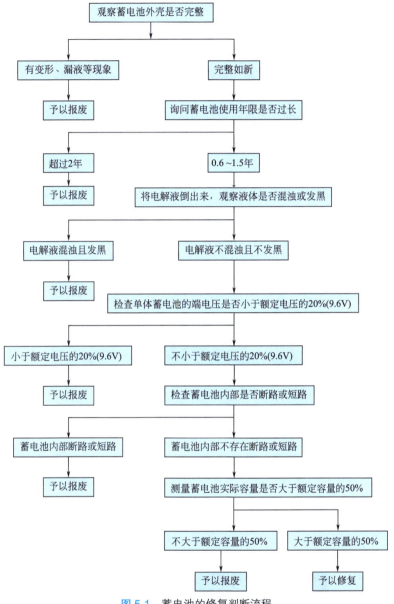

图 5-1　蓄电池的修复判断流程

> **提示**
>
> 判断蓄电池能否修复时，应先检测蓄电池的密封情况，确定蓄电池无漏液后，晃动蓄电池，使液体和极板充分融合，再用电解液比重器将电解液吸出，看液体是否混浊和发黑。若电解液发黑，则蓄电池负极板已经软化（极板活性物质脱落），此时该蓄电池应不具有可修复的可能；若电解液颜色正常，则可以确定蓄电池容量下降的主要原因应该为极板硫化，这样的蓄电池就可以使用铅酸蓄电池修复设备进行修复。

## 第二节　单体蓄电池的修复程序

### 一、落后单体蓄电池的判断

落后单体蓄电池的判断是在整组蓄电池充满电状态下进行放电，若该蓄电池组中每单体蓄电池的容量都在正常范围，每单体蓄电池的端电压和放电时间应基本一致；若某单体蓄电池端电压比其他电压小很多，则表明该单体蓄电池容量不足。在整个放电过程中，应保持蓄电池组电压高于42V，否则测量不准，应重新充电再放，直至找到容量减小的单体蓄电池为止。

蓄电池放电常用的方法有电阻丝放电和蓄电池放电仪放电两种。现以12V/10A·h铅酸蓄电池为例加以说明，具体如下。

#### 1. 电阻丝放电

① 将蓄电池组中的各单体蓄电池串联后，放置在地面上，如图5-2所示。然后根据单体蓄电池的容量12V/10A·h，选取放电电流5A，再根据放电电流的大小来选取电阻丝的长度，具体操作可参考第四章的第四节"八、电阻丝放电技巧"。

图 5-2　单体蓄电池的连接

② 将电阻丝与蓄电池组串联并进行放电。在放电过程中，用万用表电压挡或电压测试仪反复不断地测量各单体蓄电池的端电压并进行对比，如图5-3所示。

③ 在蓄电池组电压为42V以上时，若某单体蓄电池比其他单体蓄电池电压小很多，如图5-4所示（该蓄电池端电压为3.86V），则表明该单体蓄电池容量落后，应进行以下修复过程。

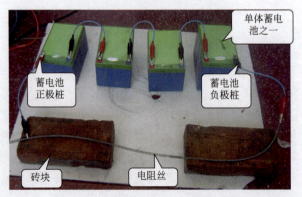

(a)蓄电池放电

图 5-3 蓄电池放电和检测

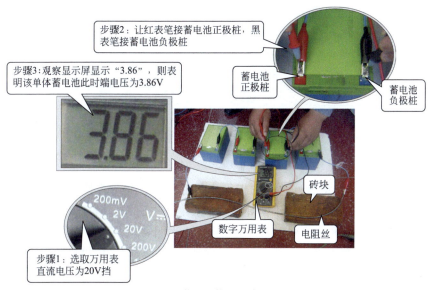

图 5-4 落后单体蓄电池的判断

## 2.蓄电池放电仪放电

现以 FT5-10A 型四路恒流放电仪进行放电，方法如下。

① 在给被放电的蓄电池组充满电后，将 4 只单体蓄电池按如图 5-5 所示的方法分别与放电仪上的四路输入端相连。

 提示

要注意极性，即单体蓄电池的正极与放电仪上的红色接线柱相连，负极与放电仪上的黑色接线柱相连。

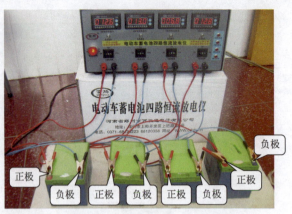

图 5-5　单体蓄电池的连接

② 根据单体蓄电池的容量 12V/10A·h，选取放电电流 5A。放电电流挡的选取如图 5-6 所示。

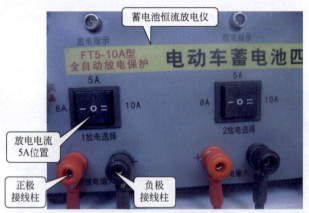

图 5-6　放电电流挡的选取

③ 按下放电仪开关，检查回路工作指示灯是否同时点亮，若某工作指示灯不亮，应检查接线。在蓄电池放电过程中，应不断观察显示屏上的电压变化情况，在各单体蓄电池显示 10.5V 前，应比较放电电压。在蓄电池组电压在 42V 以上时，若某单体蓄电池电压下降最快且落后于其他单体蓄电池很多，则该单体蓄电池即是所要找的落后单体蓄电池。单体蓄电池的电压检测如图 5-7 所示。

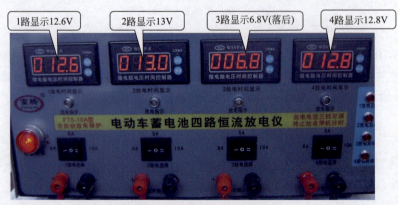

图 5-7　单体蓄电池的电压检测

## 二、被修复单体蓄电池的加液

将被修复的单体蓄电池的盖板、阀帽拆下,如图 5-8 所示。若蓄电池内的电解液不足,应用注射器向蓄电池内加注电解液,使液面高于极板 1～2mm,如图 5-9 所示。静置 10h 后,观察液面变化。若液面下降过多,应继续加液,直到液面稳定为止。液面稳定后可将多余的电解液吸净。

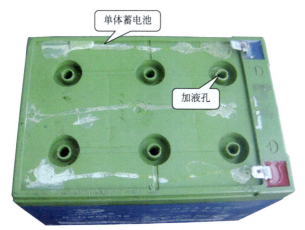

图 5-8　盖板、阀帽拆卸后

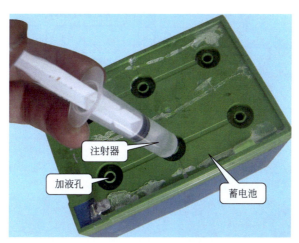

图 5-9　蓄电池的加液

在修复蓄电池时,若用修复剂(强效活性剂),效果更好。具体操作方法如下。

打开蓄电池盖板并拆下阀帽,用注射器吸入修复剂,由加液口加入(一般容量为 10～14A·h 的蓄电池每格加 5mL,容量为 17～20A·h 的蓄电池一般加 10mL),另加蒸馏水 5mL。静置 10h,使修复剂和蒸馏水完全混合,再进行修复,效果更好。

添加修复剂前后的注意事项如下。

① 在加修复剂前,若蓄电池电压过低,应充电 1～1.5h。
② 使用蓄电池专用修复剂前,应摇匀修复剂,以免影响修复效果。
③ 加注修复剂后,要及时将蓄电池电压放电到 2～3V,这一操作只能进行一次。
④ 加液量以眼睛能看到液体为准,即从加液口中能看到有流动的电解液。

> **知识拓展**
>
> **添加剂的使用**
>
> 电解液中的添加剂用量一般为电解液容量的 1%～2%。使用添加剂只能解决蓄电池硫酸铅化问题，可以修复严重硫酸铅化蓄电池剩余容量的 32.5%，不能解决活性物质软化和脱落等问题。
>
> 使用方法：充满电后静置 1～2h，以 $0.5\ C_2$ 放电至终止电压，然后注入蒸馏水至电解液液位，充、放电 5 个循环后，注入 1% 的添加剂，继续进行充、放电修复，每次详细记录，至容量恢复到 80% 以上为止。
>
> 上述，$C_2$ 是以 2h 放电得到的容量，叫 2h 率。类似地，$C_{10}$ 就是以 10h 放电得到的容量，叫 10h 率。同一只单体蓄电池，在不同放电时率下所得到的容量不相同，放电时率长的得到的容量高，反之得到的容量小。

## 三、修复过程

单体蓄电池的修复过程如下。

① 将 FT-8A 型多功能检测修复仪放在适当位置，并将被修复的单体蓄电池与仪器的一路接通，如图 5-10 所示（注意：蓄电池和仪器的极性不得接错，否则对仪器有所损坏）。

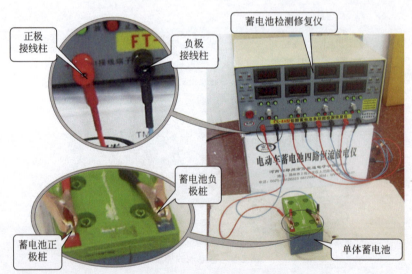

图 5-10　蓄电池与仪器的连接

② 打开电源开关，选择修复电流为 2A，如图 5-11 所示，并设定修复时间 10h。

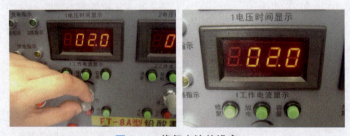

图 5-11　修复电流的设定

③ 按下仪器修复按钮，如图 5-12 所示，修复开始进行。当修复 10h 后，仪器停止修复。在修复过程中，一定要使蓄电池处于富液状态。

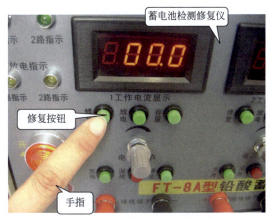

图 5-12　按下修复按钮

> **提示**
>
> 初次修复后，应静置 1h 后再进行下项检查。若修复不成功，可再次修复。

### 要诀 46

蓄电池有故障，修复仪器来帮忙，
修复电路连接上，极性接错仪器伤，
选择修复电流 2A 挡，设定 10h 不要忘，
手指按在按键上，修复开始很漫长，
修复过程不能忘，富液状态才正常。

## 四、放电检测

该单体蓄电池修复 10h 后，应检查蓄电池极板表面是否有电解液。若没有，应补充蒸馏水，然后将被修复的单体蓄电池充满电并进行放电来测试容量，但放电不可使单体蓄电池电压下降到小于 10.5V。

单体蓄电池放电时，应注意其放电电流的选择。容量为 10～12A·h 的蓄电池，放电电流为 5A；容量为 17～18A·h 蓄电池的放电电流为 8A；容量为 20～24A·h 蓄电池的放电电流为 10A。

>
>
> 为了便于记忆，一般认为单体蓄电池容量的 1/2 即是该单体蓄电池的放电电流。

10A·h 单体蓄电池按 5A 电流放电时，其放电时间应为 102min（理论上为 120min）以上，

则表明被修复的蓄电池容量为额定容量的 85%。若放电时间达不到 102min 以上，可重新进行第二次修复，直到充满电的单体蓄电池放电到 10.5V 所用的时间大于 102min 为止。若多次修复而放电时间远小于 102min 或电解液呈黑色或混浊（严重脱粉表现），应予以报废。

## 五、装复

若容量为 10A·h 的蓄电池按 5A 电流放电可放电 102min 以上，并检查其他事项都合格后，静置 1～2h，当其温度接近环境温度时，让蓄电池加液口向下，并使多余的电解液泄出，如图 5-13 所示。最后擦净蓄电池表面的电解液，盖好阀帽，装上盖板即可。

图 5-13　翻转蓄电池排出多余的电解液

# 第三节　整组蓄电池的修复程序

在蓄电池容量检测过程中，若整组蓄电池容量都已减小，但差别不大，可对整组蓄电池一起修复。操作方法如下。

## 一、蓄电池容量的放电检测

将充足电的蓄电池组按其容量大小选取放电电流，即 10～12A·h 单体蓄电池应选用 5A 放电电流；17～18A·h 单体蓄电池应选用 8A 放电电流；20～24A·h 单体蓄电池应选用 10A 放电电流。一般选择 5A 放电电流。由于蓄电池组内各单体蓄电池相互串联，故每单体蓄电池放电电流都相同。放电方法见本章第二节。放电时间可按以下公式求得：蓄电池额定容量（A·h）= 放电电流（A）× 放电时间（h）。如一只 6-DZM-10A·h 的完好单体蓄电池充满电后，按 5A 电流放电，其放电时间为 $10 \div 5 = 2h = 120min$。若该单体蓄电池用 5A 电流放电 120min，则表明正常。若该单体蓄电池放电时间为 60min，则表明该蓄电池的实际容量为额定容量的 50%。蓄电池放电时间、容量和放电电流的关系如表 5-1 所示。

■ 表 5-1　蓄电池放电时间、容量与放电电流的关系

| 放电电流 | 蓄电池容量 | | | | | | | | | |
|---|---|---|---|---|---|---|---|---|---|---|
| | 100% | 90% | 80% | 70% | 60% | 50% | 40% | 30% | 20% | 10% |
| 10～12A·h 采用 5A 放电电流 | 120min | 108min | 96min | 84min | 72min | 60min | 48min | 36min | 24min | 12min |
| 17～18A·h 采用 8A 放电电流 | 135min | 121min | 108min | 94min | 81min | 67min | 54min | 40min | 27min | 13min |
| 20～24A·h 采用 10A 放电电流 | 140min | 125min | 112min | 98min | 84min | 70min | 56min | 42min | 28min | 14min |

在蓄电池组中，若各单体蓄电池实际容量大于额定容量的 50% 时，可进行整组修复。

## 二、蓄电池加液

将各单体蓄电池加液孔盖都打开，然后按蓄电池的容量和现状加注蒸馏水或修复剂（一般 10～14A·h 单体蓄电池每格加 5mL；17～20A·h 单体蓄电池每格加 10mL），静置 10h。若蓄电池严重缺水，应添加适量的电解液（或蒸馏水），以眼看到液体为准。

> **提示**
>
> 蓄电池在充放电过程中，电解液中的水会因为电解液的蒸发而逐渐减少，导致电解液液面下降。如果不及时补充，有可能缩短蓄电池的使用寿命，所以应及时补充蒸馏水，切忌用饮用纯净水代替，因为纯净水中含有多种微量元素，对蓄电池会造成不良影响。

## 三、修复过程

将 FT-8A 型多功能检测修复仪与四只单体蓄电池按要求连接好，如图 5-14 所示（图 5-14 是示意图，实际修复时应将各单体蓄电池的加液孔盖部打开）。打开电源开关，设定修复电流 2A，如图 5-15 所示，并设定修复时间 10h，接着分别按下各路中的修复按钮。于是四路进入修复状态，修复 10h 后，该机自动停机，完成初次修复过程。若经检查，蓄电池容量达不到 85% 以上，应按以上方法再进行 1～2 次修复。

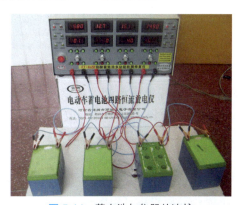

图 5-14　蓄电池与仪器的连接

图 5-15　修复电流的设定

**蓄电池修复的注意事项**

所修复的蓄电池的标准电压须为12V，如为6V则应两只串联成12V。开路电压应在正常电压范围，小于11V电压的蓄电池可能存在短路现象。若电压为0V，则表明蓄电池内部断格，此类蓄电池应报废。

注意：不得将尚在串联连线的蓄电池接入检修设备，充、放电过程中不要撤换蓄电池。

放电检测中，修复仪后的风孔会排出大量热风，机器上部和后部不要堆积物品，并保持后部与墙面的距离20cm以上。

当遇到长时间搁置的废旧蓄电池时，如蓄电池电压太低（低于标准电压12V），应先用普通充电器预充数小时，如蓄电池电压仍低于12V或蓄电池缺水，则先补水并静置10h左右再进行充电，达到12V的蓄电池进入修复程序，无法修复的应报废。

失水的蓄电池应先补水后再修复，电解液中黑色杂质比较多的蓄电池表明正极板已软化，只能报废，不能修复。

修复旧蓄电池的应用技术要求有以下几点。

① 外壳没有变形、破裂、鼓胀。
② 极板不弯曲，构架完好，没有穿孔现象。
③ 没有漏液现象，正负极没有短路、断路现象。
④ 单体蓄电池电压平稳。
⑤ 蓄电池失水、补液不正常或对容量过低的蓄电池进行修复将严重影响修复效果。

## 四、放电检测

修复好的蓄电池应在充足电后进行放电检测，根据放电时间即可知道蓄电池的实际容量。当充足电的蓄电池在放电到终止电压10.5V时，放电时间应在100min以上。修复结束后，由于蓄电池体壁温度较高，应使之冷却后将其内部电解液倒出。若仍有多余电解液，应予以吸出。

整组蓄电池中若有个别容量经修复后未达到要求，应挑选出来，继续修复。若经再次修复仍未达到要求的蓄电池应报废，然后再进行组配。

# 第四节 蓄电池修复技巧总结和修复时间

## 一、蓄电池修复技巧总结

蓄电池修复技巧总结如图5-16所示。

## 二、确定蓄电池修复时间

蓄电池修复质量与设定的修复电流和修复时间密切相关。若选择修复电流过小，修复时间会增长，耗电会增加；若选择修复电流过大，会造成极板损坏更加严重或达不到预期修复

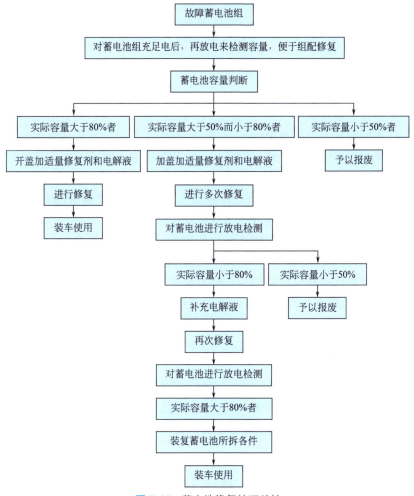

图 5-16 蓄电池修复技巧总结

效果。

在修复电流一定的情况下，若修复时间过短，达不到预期效果；若修复时间过长，会耗时、耗电。笔者结合十多年修复蓄电池的经验总结出，根据修复电流选择修复时间，如表 5-2 所示。

■ 表 5-2 蓄电池修复时间的选择

| 蓄电池容量 | 修复电流 | 修复时间 | 蓄电池容量 | 修复电流 | 修复时间 |
|---|---|---|---|---|---|
| 10A·h | 约 2A | 10h | 50A·h | 约 5.5A | 12h |
| 17A·h | 约 3A | 10h | 60A·h | 约 6.5A | 12h |
| 18A·h | 约 3A | 11h | 70A·h | 约 7A | 11h |
| 20A·h | 约 3A | 11h | 80A·h | 约 7.5A | 10h |
| 22A·h | 约 3.5A | 11h | 100A·h | 约 8A | 16h |
| 24A·h | 约 3.5A | 12h | 120A·h | 约 9A | 17h |
| 36A·h | 约 4A | 12h | 150A·h | 约 9A | 17h |
| 40A·h | 约 4.5A | 11.5h | 200A·h | 约 10A | 25h |

## 第五节 蓄电池的组配

### 一、蓄电池的组配意义

不同数量单体蓄电池组配成的蓄电池组,其寿命一般比一只单体蓄电池短得多。由于蓄电池容量和内阻不同而导致串联蓄电池组不同步,会有某只单体蓄电池落后的现象。落后的单体蓄电池,在充电过程中,首先达到终止电压,则容易引起过充电;在放电过程中,首先放电到终止电压,则容易引起过放电,这样容易使落后的单体蓄电池损坏更加严重甚至报废。因此,应对蓄电池组进行重新组配,才能延长其寿命。串联蓄电池容量落后是个难题,但若做好蓄电池修复和组配工作,其寿命是可延长的。

在充、放电过程中,无论充、放电电流如何变化,其内阻是不变的,但极化内阻是变化的。电流越大,极化内阻变化较大,一般以不同的电压形式表表现。

在静止时,由于电化学极化内阻较小,随着充放电电流增加,电化学极化内阻增加而导致各单体蓄电池间的电压不一致。在组配蓄电池组时,必须严格控制蓄电池的充、放电曲线,并根据电动自行车的充、放电极限电流得出的曲线最接近的蓄电池来组配。

在组配蓄电池时,应测定单体蓄电池各方面的技术数据,特性基本一致或特别接近的单体蓄电池才能良好组配。

只有性能、技术参数一致的单体蓄电池组配才能发挥最大效能,延长电池组寿命。若组配不当,会使蓄电池组内的每只单体蓄电池不能协调工作。在放电过程中,有的已放电至终止电压而首先退出工作,使放电内阻增大而成为负载,容易使其他单体蓄电池放电电流加大,放电速度加快而提前结束生命。

**要诀 47**

蓄电池组配有意义,节约能源提一提,
单体电池要迟疑,避免落后单体蓄电池,
组配电池要认真,特性一致组一起,
特性不同不要组,放在一起不允许。

**修复后的蓄电池为何要重新组配**

将修复后经检测容量一致的蓄电池(误差小于10%)重新组配,即可大大提高蓄电池的容量。

组配实例:用户购买新蓄电池时淘汰的旧蓄电池(松下品牌,使用超两年),整组放电小于50min,空载电压均大于9V。经过一个修复过程(充电加修复),其中两只蓄电池容量放电时间分别恢复到100min以上,另一只蓄电池只有33min。

显然,第三只蓄电池已损坏(外观有变形)。此时,更换一只修复好的,放电时间为100min左右的、容量相当的旧蓄电池，并进行精确组配，可有效提升整组蓄电池的容量。如果执意对已损坏无法修复的报废蓄电池进行修复，不但费时费力，维修成本高，容量也不稳定，此类蓄电池应当给予报废处理。

## 二、蓄电池的组配思路

### 1. 蓄电池特性应一致

由于串联蓄电池在使用过程中无配置保护电路，容易产生落后的单体蓄电池。若发现存在落后的单体蓄电池，则表明蓄电池组配势在必行。要使各单体蓄电池协调工作，它们的充电和放电终止电压、容量、内阻等特性应保持一致，但也允许有一定误差。

> 各单体蓄电池充足电后的端电压的差别应小于0.05V，放电终止电压差别应小于0.5V，容量差别不高于0.1A·h，内阻差别应小于0.2mΩ。

### 2. 特性测定是重中之重

特性测定是组配蓄电池组的前提。蓄电池特性包括其容量、内阻、充电和放电终止电压、充电和放电电压及电流、时间、温度等，这些特性可表现在特性曲线上。对比特性曲线，应选择曲线一致的蓄电池作为组配对象。

## 三、蓄电池的特性测定

特性测定包括充电终止电压、放电终止电压、放电电流、时间、内阻、由上述操作数据得到的容量、充电时电压升高的速率、放电时电压下降的速率等。

所使用的仪器应当快速而精密、准确而可靠。由于条件的限制、仪器的价格、工作量的大小以及蓄电池品种的繁杂等，没必要在极低的利用率情况下花费大量资金购置仪器。在没有可利用的仪器时，可以采用土办法。有时土办法也可以取得准确的数据，只是这种方法比较费时费力，所以必须有一定的耐心。

### 1. 参数值的测定

电动自行车10A·h蓄电池测定应当用5A放电电流，并加密记录时间，用简易办法，每15～20min测取一次数据。对已经低于额定容量70%的蓄电池，应每10min记录一次，只有这样，绘制的特性曲线才能连续平滑、准确且参考性强；新蓄电池每测定一次电压、电流的时间间隔不应超过30min。

### 2. 曲线的绘制

测定的数据应当有一定密度的电压、电流值和时间，在直角坐标上标点，然后连接成曲线。测定时记录越密集，曲线越接近实际。

一般充电曲线可以参照已有充电曲线，开端是上升段，然后转为平直段，到转折点电压下降，然后维持恒定电压。

放电时，开始有一个快速的下降段，然后是较长的平直段（这段叫做放电平台。平台直线段越长，表示该蓄电池性能越好，容量越高），最后有一个短暂的下降段，表示已经接近放电终止电压。

### 3. 内阻的测定

内阻是蓄电池组配的一项重要指标。机械内阻有集流排、板栅与充填的活性物质间等接触面或点之间的电阻；化学内阻对电流性能影响较大。内阻的变化标志着蓄电池特性和寿命的变化。蓄电池接近寿命终结，内阻必然有较大变化，此时内阻已经不是几毫欧，而是达到或超过 $1\Omega$ 甚至更高。测定内阻是检查蓄电池病因的一种方法。

测定蓄电池内阻必须借助测试仪器，因专用仪器比较准确。自己用简易办法也可以测，但准确度差些。

蓄电池组各单体蓄电池间内阻的差别应小于 $0.2m\Omega$。

## 四、蓄电池的组配技巧

蓄电池组配前应进行 2～3 次充、放电试验，判断特性曲线、容量及充、放电前后的电压都一致，这样组配的蓄电池组同步性才好，才能最大限度地发挥效能。蓄电池的组配条件如下。

① 需要组配的单体蓄电池的开路电压相差不得大于 0.05V。

② 需要组配的单体蓄电池的容量相差最好控制在 5% 以内，最多不得超过 10%，或容量差别不大于 0.1A·h。

③ 需要组配的单体蓄电池的品牌、型号应尽量一致。

④ 需要组配的单体蓄电池放电时间不超过 5min。

蓄电池组配时有以下两种情况。

### 1. 新蓄电池间的替换

若蓄电池组是新的或刚用不到 2 个月，其中某一单体蓄电池容量严重下降或短路而导致其落后于其他单体蓄电池且无法修复，应选用新蓄电池或刚使用不久的蓄电池进行替换。该单体蓄电池与其他单体蓄电池的开路电压相差不得大于 0.03V，容量相差不得大于 5%，且差别越小越好。不能用新蓄电池替换旧蓄电池，更不能用旧蓄电池替换新蓄电池。

### 2. 旧蓄电池间的替换

若蓄电池组使用年限已长，其中某一单体蓄电池经修复后容量在 50% 以下，应对该单体蓄电池进行替换。应选择别的更换过的或手边闲置的，且使用年限已长的单体蓄电池，对其进行充、放电试验，检查其容量是否与其他几只相近。若符合蓄电池组配条件，更换即可；若不符合组配条件但相差较近，可将全部单体蓄电池分别进行修复，以符合蓄电池组配条件。

# 第六章 电动自行车综合故障检修流程和技巧

## 第一节 电动机的故障检修流程和技巧

### 一、仪表盘指示灯不亮，电动自行车不能起步

#### 1. 故障检修流程

打开电动自行车电源开关后，仪表盘内的指示灯不亮，按下喇叭按钮，扳动转向开关，无正常的声、光现象，电动机也不转。

仪表盘指示灯不亮，电动自行车不能起步的故障检修流程如图 6-1 所示。

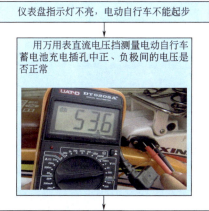

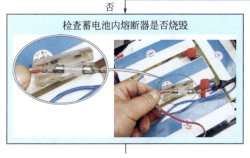

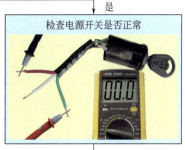

图 6-1

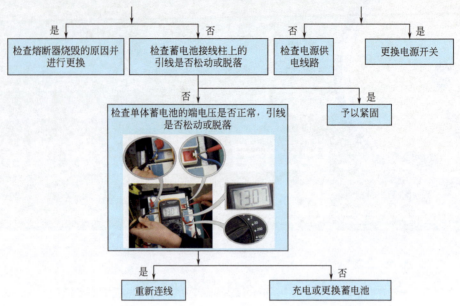

图6-1 仪表盘指示灯不亮、电动自行车不能起步的故障检修流程

### 2. 故障检修技巧

仪表盘指示灯不亮,电动自行车不能起步,其故障原因一般在电源电路,检修技巧如下。

① 检查蓄电池是否处于欠压保护状态,如图6-2所示,若电量不足,应予以充电。

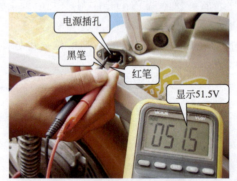

图6-2 蓄电池组电压的测量

② 检查蓄电池盒内的熔断器是否烧毁,熔断器与其座是否接触不良。某些豪华车装配有空气开关,应检查其是否因过流而处于保护状态,即转换到"OFF"位置;同时也检查空气开关处于"ON"位置时,输入线和输出线是否导通,测量方法如图6-3所示。

图6-3 空气开关的检查

③ 检查蓄电池盒内单体蓄电池极柱与导线的连接是否脱落或接触不良。
④ 检查插接器有无松动或接触不良。
⑤ 检查电源开关是否损坏，如图 6-4 所示。若是，应予以更换。

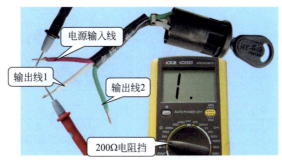

图 6-4　电源开关的检查

⑥ 检查蓄电池是否寿命终结或出现断格现象，如图 6-5 所示。

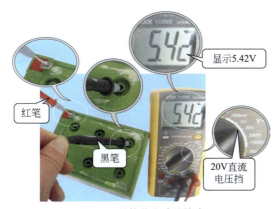

图 6-5　单体蓄电池的检查

　　蓄电池断格时，测量单体蓄电池端电压为 0V，断格的电池不能充电也不能放电，因为单体蓄电池各格的连接电路断开。

## 二、仪表盘指示灯亮，但电动机不转

### 1. 故障检修流程

打开电动自行车电源开关后，仪表盘指示灯亮，电动机不转动。该现象说明电源电路正常，而电动机、控制器、闸把开关、调速转把等器件损坏或电动机控制线路中某处接触不良。其故障检修流程如图 6-6 所示。

无刷电动机不规律停转

### 2. 故障检修技巧

仪表盘指示灯亮，但电动机不转动的检修技巧如下。

① 检查控制器的驱动电压最大值是否为 19～30V，测量方法如图 6-7 所示。若该电压正常，则表明电动机导线或绕组短路或断路。有刷电动机可能是电刷损坏。若控制器驱动电压异常，应进行以下检查。

一步到位学会电动自行车维修（彩色视频版）

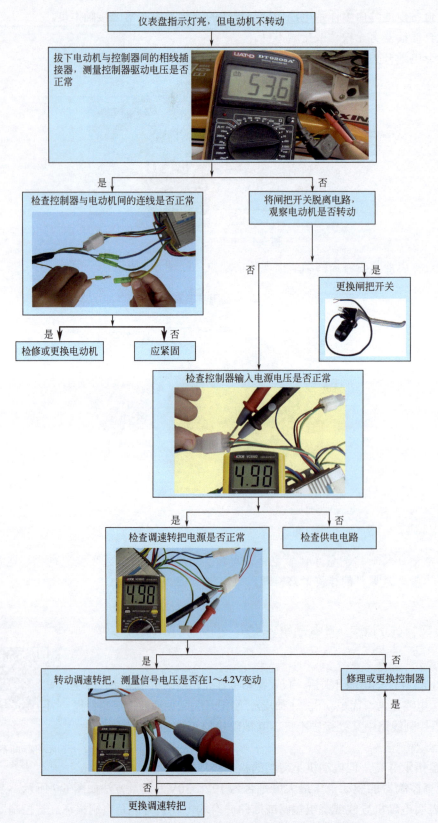

图 6-6 仪表盘指示灯亮，但电动机不转动的故障检修流程

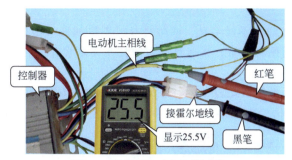

图 6-7 控制器驱动电压的测量

② 检查控制器的电源输入电压是否正常，测量方法如图 6-8 所示。若无电压，则表明电源开关与控制器间的连线断路或插接器损坏。

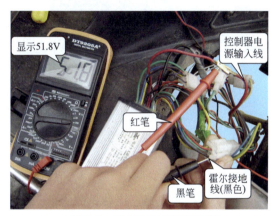

图 6-8 控制器电源电压的测量

③ 检查闸把开关是否正常。对常开机械闸把开关可将其开关引线脱离电路试验，若脱离后，电动机开始转动，则表明闸把开关损坏，应予以更换，如图 6-9 所示；对常闭闸把开关或电子闸把开关，应根据情况检测其是否损坏。

图 6-9 将常开机械闸把脱离电路

> **提示**
>
> 目前，机械闸把开关基本代替霍尔闸把开关，机械闸把开关有两根引线。若机械闸把开关异常，只需将机械闸把开关二根引线脱离电路或将与控制器相连的两根闸把引接短接试验即可判断，此时不需知道该闸把是常开或常闭。若将闸把两根引线脱离电路，电动机能启动，则表明该闸把异常，同时说明该闸把是常闭型；若将闸把两根

> 引线脱离电路，而电动机不能启动，此时将与控制器相连的闸把两根引线短接，电动机正常启动，则表明闸把异常，同时说明该闸把开关是常开型。

④ 检查调速转把信号电压是否在 1～4.2V 变动，如图 6-10 所示。若调速转把电源正常且接地线良好，但调速信号电压异常，则表明调速转把损坏，应予以修复或更换。

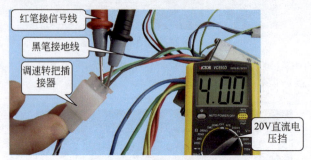

图 6-10　调速转把信号电压的测量

⑤ 若以上检查都正常，但控制器仍无驱动电压输出，则表明控制器损坏，应修复或更换。

## 三、打开电源开关，无刷电动机转动缓慢

### 1. 故障检修流程

上述现象说明电源电路、电动机控制电路、电动机故障或机械阻力过大等。其故障检修流程如图 6-11 所示。

电动机转速缓慢

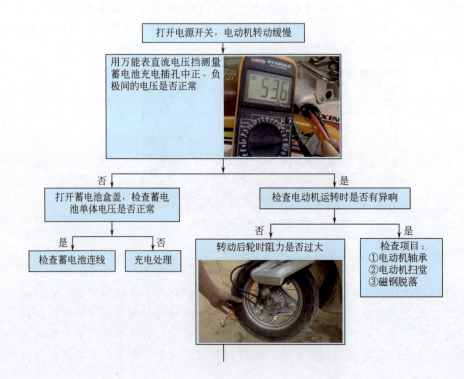

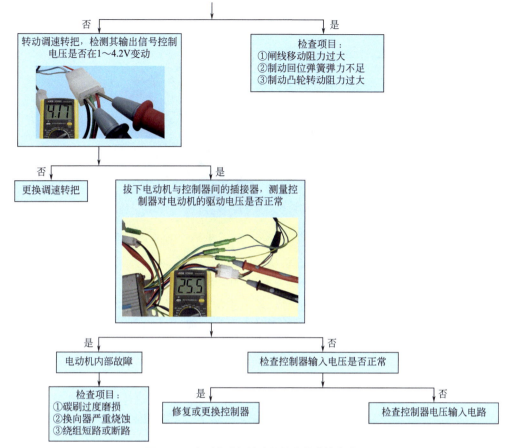

图 6-11 有刷电动机转动缓慢的故障检修流程

> **提示**
>
> 电动机转动缓慢是指电动机转速比正常使用时偏低,其原因可总结为:一是通过绕组产生的磁场作用力过小(表现在转子磁钢磁力下降,通过绕组的电流过小);二是电动机转动阻力过大(主要表现在行驶阻力过大方面)。

### 2.故障检修技巧

无刷电动机转动缓慢的故障检修技巧如下。

① 支起主支架,检查前、后轮转动阻力是否过大,如图 6-12 所示。若转动阻力过大,应对制动器进行调整。

图 6-12 前、后轮转动阻力的检查

② 检查蓄电池组的电压是否正常，如图6-13所示。若电压较低，应进行充电或检查充电器输出电压是否符合要求。

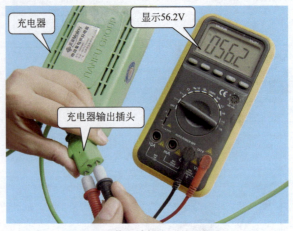

图6-13 蓄电池组电压的测量

③ 检查调速转把的信号电压是否正常。若不正常，应按如图6-14所示的方法测量调速转把的电源电压是否正常。若调速转把电源电压为5V或6.5V（不同车型其电源电压有所不同），且黑色接地线无断路，则表明调速转把损坏，应修理或更换调速转把，如图6-15所示。

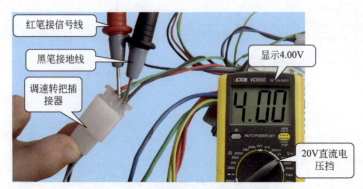

图6-14 调速转把信号电压的测量

图6-15 更换调速转把

④ 检查电动机绕组是否短路、断路或绝缘电阻下降，如图6-16所示。

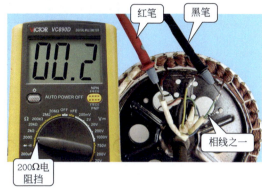

图 6-16 电动机的检查

⑤ 检查调速转把、控制器、闸把开关和电动机之间相连的插接器是否松动，或插接器内的触针与针座是否锈蚀或接触不良，如图 6-17 所示。

图 6-17 插接器的检查

⑥ 测量控制器的驱动电压和输出电源电压（即闸把开关、调速转把和霍尔元件的电源电压）是否正常，测量方法如图 6-18 所示。若电压异常，则表明控制器损坏，应修理或更换。

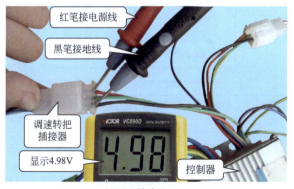

图 6-18 控制器输出电源电压的测量

## 四、无刷电动自行车行驶里程严重缩短

### 1. 故障检修流程

上述故障现象表明蓄电池、控制器、电动机或其控制电路异常。另外，电动自行车行驶阻力过大也会引起上述现象。其故障检修流程如图 6-19 所示。

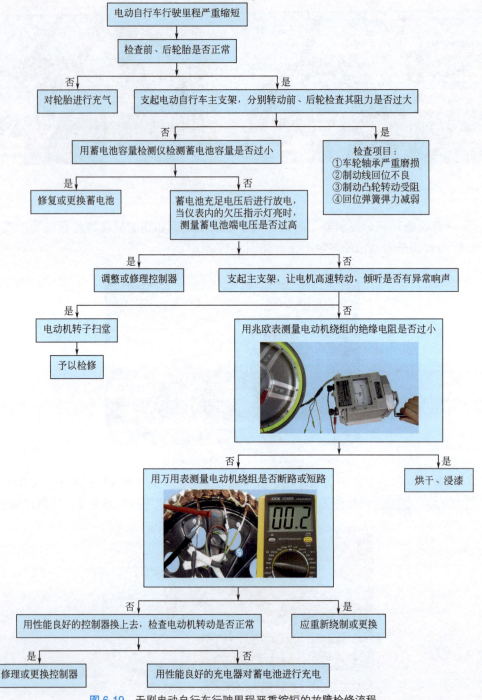

图6-19　无刷电动自行车行驶里程严重缩短的故障检修流程

> **提示**
>
> 　　行驶里程也叫续航里程，是指蓄电池充足电后，正常骑行时能达到的最大里程。行驶里程减小到正常时的70%左右，其原因可遍布电动自行车的各个系统，要认真检查。

#### 2.故障检修技巧

无刷电动自行车行驶里程严重缩短的故障检修技巧如下。

① 检查轮胎气压是否过低。若是，应进行充气。

② 支起主支架，转动前轮和后轮，检查转动阻力是否过大，如图 6-20 所示。若阻力过大，应检查闸把的自由行程是否过大，车轮轴承、制动凸轮等是否调整不当或损坏。

图 6-20　转动前轮和后轮，检查转动阻力是否过大

③ 询问车主行驶时是否有陡坡或顶风，若是，应人力助动。

④ 冬季室外温度是否过低而使蓄电池电量无法良好输出。

⑤ 检查蓄电池容量是否减小，若是，应进行修复或更换。

⑥ 检查电动机绕组是否短路或绝缘电阻下降，若是，应予以维修或更换。

⑦ 检查控制器是否损坏，若是，应予以维修或更换。

## 五、电动机短时间内严重过热

#### 1.故障检修流程

电动机工作 30min～1h 时，其端盖温度超过环境温度 25℃以上，则表明电动机温升已超过正常范围。一般电动机温升应在 20℃以下。

电动机发热是由于电动自行车超负荷长时间运行，或通过电动机绕组的电流过大。其故障原因有以下几点。

（1）电动自行车超负荷长期运行

① 驾驶员长期在不良道路上行驶。

② 电动自行车负载过大。

③ 电动自行车行走阻力较大。一般电动机轴与轴承配合间隙过小，前轮或后轮的制动器过紧，制动蹄与制动鼓未分开等都可阻碍电动自行车运行。

（2）通过电动机绕组的电流过大

① 磁钢严重失磁，使通过电动机绕组的电流过大。

② 电动自行车零速启动频率较大，将导致零速启动电流要比电动机正常行驶时的工作电流大得多，这样绕组很快升温。

③ 绕组断路或短路，电动机会根据绕组断路或短路的程度加大通过绕组的电流。时间一久，就会使电动机温度升高。

④ 定位磁钢偏高，使电动机运行电流过大。

> **提示**
>
> 零启动是指电动机由静止到运动时，即刚转动时的状态。该状态下，电动机的转动阻力最大，通过电动机绕组的电流应是正常运行电流的 300～400 倍，故零启动时会使绕组温度增高。正常使用增温不太明显，若零启动频率较大时，绕组很快升温。

电动机短时间内严重过热的检修流程如图 6-21 所示。

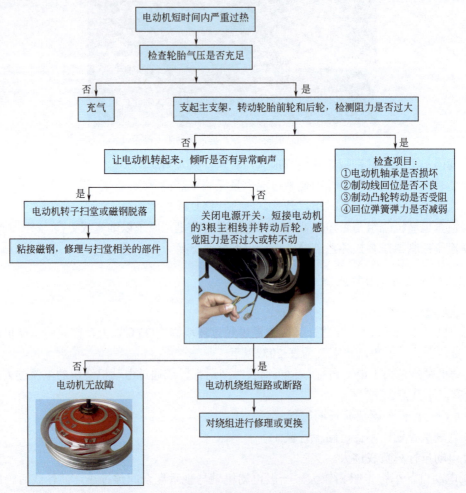

图 6-21 电动机短时间内严重过热的故障检修流程

### 2. 故障检修技巧

用非接触式红外线温度计或万用表温度计挡或手感等方法，测量正处于过热状态下的电动机外壳。若所测温度超过环境温度 20℃，则表明电动机过热。

电动机短时间内严重过热的故障检修技巧如下。

① 询问车主，是否在不平道路上行驶。若是，应适当脚踏助力。

② 询问车主，骑行时负载是否过大。若是，应尽量减少负载，一般电动自行车的载重应为 75kg。

③ 询问车主，零速启动的频率是否过大。电动自行车行驶时，尽量避免零速启动。

④ 支起电动自行车主支架，转动前轮，正常时应转动无阻力。转动后轮应有点阻力，但阻力不得过大，否则，表明电动自行车制动过紧，应根据情况予以调整。

⑤ 以上检查正常，若定位磁钢偏离原来位置，会影响电动机转子和定子气隙。对此，应校正电动机的磁钢位置，或更换电动机内部的整套磁钢，或更换整个电动机。

若绕组接触不良、断路或短路等的故障点发生在绕组外部，加以简单修理即可；若故障点在绕组内部，应更换故障绕组或更换整个电动机。

## 六、有刷电动机噪声过大或声音异常

### 1.故障检修流程

目前，电动自行车除无刷电动机之外，95%以上的电动机在运行中都存在一定的噪声。

噪声一般来源于两个方面：其一是有刷电动机的电刷在换向器上摩擦产生的声音；其二是高速电动机减速齿轮啮合的声音。前者的频率较高，后者较低。低速有刷电动机消除了减速齿轮的啮合声，但输出转矩较小；低速无刷电动机消除了减速齿轮的啮合噪声和碳刷与换向器之间的摩擦噪声，同时该电动机的输出转矩也较大。目前电动自行车上广泛采用的是低速无刷电动机。

有刷电动机噪声大或有异常响声，是指电动自行车在行驶中表现出来的较大噪声，其故障原因有以下几点。

① 控制器异常或控制器输入信号极性相反，导致通电骑行时电动机发出有节律的"咯啦"声且震动较大，关断电源骑行时正常。

② 电动机轴承润滑不良而使内、外圈与钢珠的配合间隙过大（即轴承间隙大），导致电动机转动时发出"哗啦哗啦"的响声。

③ 电动机磁钢松动。

④ 电动机扫膛时，使电动机在转动过程中定子与转子发出有节奏的撞击声。

⑤ 换向器表面因氧化、烧蚀而不平，当电刷在换向器上做摩擦运动时，便发出杂乱的噪声。

⑥ 换向片松动时，与碳刷高速碰撞发出有节律的声音。

⑦ 电刷松动或电刷架位置不正，都可能导致有刷电动机发出异常响声。

有刷电动机噪声过大或声音异常的故障检修流程如图6-22所示。

### 2.故障检修技巧

有刷电动机噪声大或有异常响声的故障检修技巧如下。

① 用一只良好的同型号控制器换上去，若异常响声消失，则表明控制器异常。

② 检查电动机轴承间隙是否过大。若是，应予以更换。

③ 若电动机转子扫膛，则应重新修复转子和定子。若无法修复，应予以更换。

④ 检查电动机磁钢是否松动。若松动，应粘接磁钢。

⑤ 检查电动机内部是否轴向窜动。若窜动，应在轴向位置增加合适的垫片。

⑥ 检查有刷电动机的换向片表面是否氧化、烧蚀。若是，应用刮刀除去换向器间的异物，如图6-23所示，再用细砂纸打磨换向片表面的氧化物，如图6-24所示，以使换向器表面光滑。

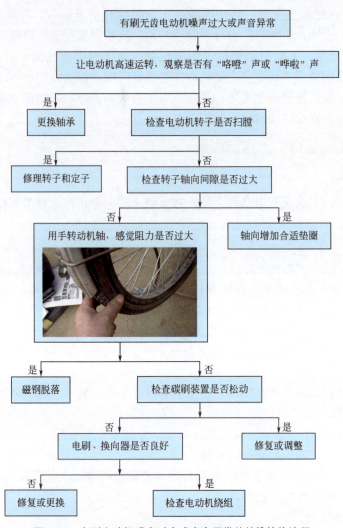

图 6-22 有刷电动机噪声过大或声音异常的故障检修流程

图 6-23 用刀片除去换向片间的异物

⑦检查换向器上的换向片是否松动。若松动，应焊牢换向片。

⑧检查碳刷在碳刷架内是否移动灵活，或碳刷架是否偏歪。若是，应加以修正。

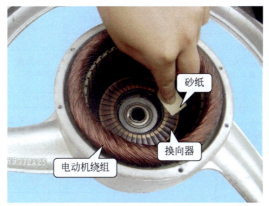

图 6-24 打磨换向器上的氧化物

## 七、无刷电动机噪声过大或声音异常

### 1.故障检修流程

无刷电动机由于省去了电刷和换向器等部件，故正常工作时，无刷电动机的噪声较小。若无刷电动机有异常响声，则表明无刷电动机存在故障隐患，应予以检修。无刷电动机发出异常响声的原因有以下几点。

① 控制器损坏或控制器输入信号极性相反，导致电动机运行时发出有节律的"咯啦"声，并伴随有震动现象。

② 电动机轴承因损坏而发出"哗啦"的噪声。

③ 电动机磁钢失磁或移位。

无刷电动机噪声过大或声音异常一般是由电动机和控制器故障引起的。其故障检修流程如图 6-25 所示。

提示

> 首先分析故障电动机是有刷电动机还是无刷电动机（因不同电动机的噪声源是不同的），然后分析故障产生的原因，制定故障诊断思路和排除方法。

### 2.故障检修技巧

无刷电动机噪声大或有异常响声的检修技巧如下。

① 将电动机与控制器相连的霍尔元件引线拆开，用万用表的黑表笔接霍尔元件的接地线，红表笔分别接霍尔元件的相线（即接霍尔元件的蓝、绿、红线），测量电阻，若所测阻值基本相同，再将黑表笔接霍尔元件的电源线，红表笔分别接霍尔元件的相线，测量阻值也应基本相同。若某一相所测阻值比其他两相较大或较小，则表明与该线相连接的霍尔元件损坏。检查出故障的霍尔元件后，应予以更换。

② 将一良好的同型号控制器换上去，若异常响声消失，则表明控制器异常，应检查控制器电路板，主要检查电路板是否出现虚焊、接触不良或元件损坏等现象。检测到故障源后，修复即可。

③ 检查控制器输入信号的极性。检查是否由于安装有低有效和高有效的传感器而引起信号角度变为 60°（一般是 120°）。若是，应予以调整。

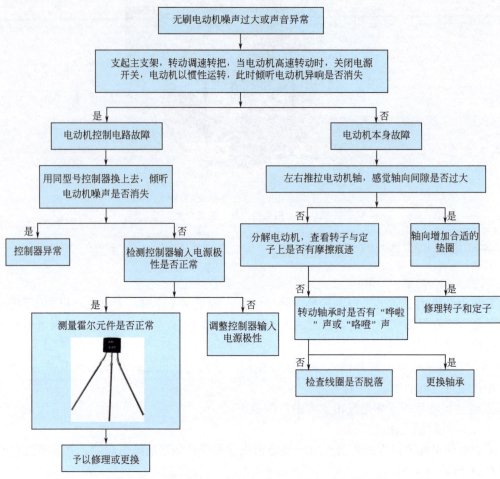

图 6-25　无刷电动机噪声过大或声音异常的故障检修流程

④ 检查电动机轴承间隙是否过大。若是，应予以更换。

⑤ 若电动机转子扫膛，则应重新修复转子和定子。若无法修复，应予以更换。

⑥ 检查电动机磁钢是否松动。若松动，应粘接磁钢，如图 6-26 所示。

图 6-26　磁钢的粘接

⑦ 检查电动机内部是否轴向窜动。若窜动，应在轴向位置增加合适的垫片予以调整。

## 八、电动自行车"飞车"

### 1.故障检修流程

引起"飞车"的原因有以下几点。

① 控制器内部的功率开关管击穿短路。

② 霍尔调速转把接地线断路或接触不良,造成控制器与调速转把相连的控制信号电压不变化,一直处于高电位。

③ 调速转把和控制器不配套。调速转把和控制器调速应一致,即低变高或高变低要统一,禁止控制器低变高时调速转把高变低,或控制器高变低时调速转把低变高。

④ 调速转把的信号线和电源线短接。

⑤ 电动自行车淋雨。

控制器的故障检修技巧——电动自行车"飞车"

 提示

开电源开关,电动机就高速旋转,无法控制。只有将蓄电池脱离电路,才停止运转。

电动自行车"飞车"的故障检修流程如图6-27所示。

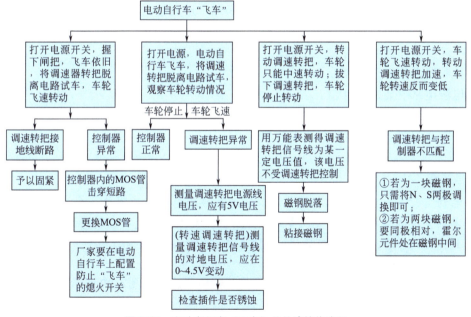

图6-27 电动自行车"飞车"的故障检修流程

### 2.故障检修技巧

电动自行车"飞车"的故障检修技巧如下。

① 将调速转把脱离电路,若故障排除,则为调速转把故障;若故障依旧,则应按下项检查。

② 检查调速转把信号线和电源线是否短路。若是,应予以处理;若故障不能排除,则按下项继续检查。

③ 用万用表测量调速转把上的黑色线与地之间的阻值应为零。否则表明黑色线对地断

路。若黑色线未发生断路，则按下项继续检查。

④ 打开控制器，检查 MOS 管是否击穿，如图 6-28 所示。若是，应予以更换。

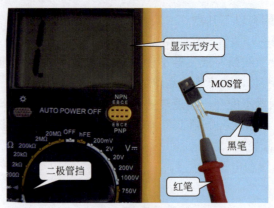

图 6-28　MOS 管的测量

## 九、电动自行车电源开关一打开熔断器就爆

### 1. 故障检修流程

打开电源开关，电动自行车突然断电，多次更换熔断器后都重复以上现象。引起上述现象的原因是电动自行车连接导线或某器件内部短路，造成蓄电池放电电流大于熔断器的额定电流。具体原因有以下几点。

① 电动机内部绕组受潮或绕组接地。
② 控制器内部元件异常。
③ 电源电路中某处接地。
④ 电喇叭、转向等信号或照明电路的电源线短路。
⑤ 熔断器的额定电流过小，达不到 20A。

提示

> 电动自行车一打开，熔断器就爆，这是明显的电源接地现象，应按照由内向外、由简单到复杂的顺序检查，直到查到故障所在。具体做法是：分别将怀疑接地的电源线断开，若断开后，熔断器不再爆，则表明断开的电源线接地。

电动自行车电源开关一打开熔断器就爆的故障检修流程如图 6-29 所示。

### 2. 故障检修技巧

电源开关一打开，熔断器就爆的检修技巧如下。

① 检查熔断器的额定电流应大于 20A，如图 6-30 所示，否则应予以更换。
② 断开控制器的电源输入插接器，打开电源开关，若熔断器不再烧毁，则表明故障在电动机、控制器或电动机控制线路；若断开控制器的电源输入插头后，熔断器不再烧毁，则表明电喇叭、转向等信号或照明电路中某处短路；若断开或不断开控制器的电源输入插头，熔断器都会烧毁，则表明电源线路中某处短路。
③ 若故障源在电喇叭、转向等信号或照明电路，应首先检查该线路有无错接，而后用排除法，即可找到接地点并予以修复。

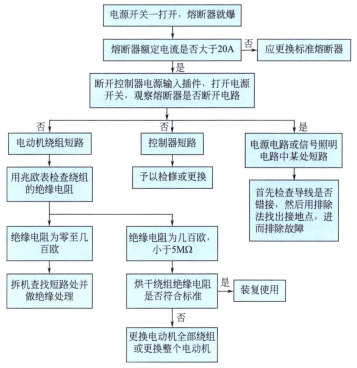

图 6-29　电源开关一打开，熔断器就爆的故障检修流程

图 6-30　熔断器额定电流的检查

④ 若电源线路中某处短路，应首先检查电源开关或蓄电池接线是否接错。若是，应予以调整。

⑤ 若控制器内部短路，应予以检修或更换。控制器实物电路如图 6-31 所示。

图 6-31　控制器实物电路

⑥ 将电动机脱离电路，用兆欧表或万用表检测电动机 3 根主相线与机壳间的阻值是否大于 5MΩ。若阻值很小，则表明绕组接地，找出接地点并予以排除；若阻值较小而小于 5MΩ，则表明绕组绝缘电阻下降，如图 6-32 所示。应拆机对绕组进行烘干处理，若绝缘电阻还较小，应更换全部绕组或更换电动机。

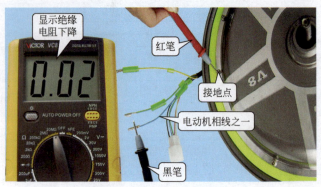

图 6-32　绕组绝缘电阻的检查

## 第二节　蓄电池的故障检修流程和技巧

电动自行车用蓄电池的制造水平差别较大，其质量和性能也有较大不同，同时蓄电池配套设备的质量好坏也不同程度地影响蓄电池的性能。使用条件千差万别，也是造成电动自行车蓄电池性能差异的重要原因，但一般用户都认为是蓄电池质量问题。在电动自行车主要部件中，蓄电池的故障率较高，以下列举铅酸蓄电池典型故障现象，分别介绍其故障检修技巧。

### 一、新蓄电池电压降得过快

#### 1. 故障检修流程

蓄电池自行放电是不可避免的，在正常使用条件下，新蓄电池的电量消耗过快，则属异常情况。新蓄电池电压降得过快的故障检修流程如图 6-33 所示。

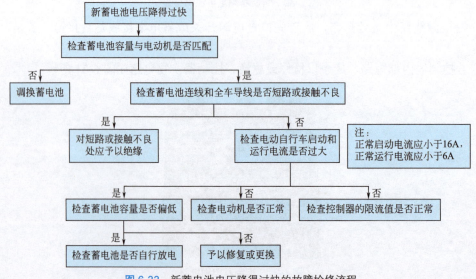

图 6-33　新蓄电池电压降得过快的故障检修流程

#### 2.故障检修技巧

新蓄电池电压降得过快,应按以下事项进行检修。

① 检查蓄电池连线和全车导线某处是否对地短路或有接触不良的情况。方法是:关闭电气系统各开关,如电源开关、转向开关、大灯开关等,同时拆下蓄电池、电动机上的接地线,用万用表电阻挡从接地线处或插排处测量火线端的对地电阻,正常情况应该开路,若有一定的电阻显示,则表明该线对地短路,测得的电阻值可正确反映短路的程度,最后寻找短路或接触不良处,应予以绝缘处理。

② 测量电动自行车的运行电流和启动电流。方法是(以 36V/180W 电动机为例):用万用表测量电动自行车的运行电流和启动电流(启动电流正常不超过 16A,运行电流正常不超过 6A),若所测量电流过大,则表明控制器失调或电动机有故障,应调整控制器内的限流电阻并对电动机进行检修。

③ 检查蓄电池端电压和蓄电池容量是否相符。12V 蓄电池以 2h 时率的电流放电时,放电电压与容量的关系如表 6-1 所示。若所测蓄电池的电压与蓄电池容量关系不符合表中标准,应予以修复或更换。

■ 表 6-1 蓄电池的端电压与蓄电池容量的关系

| 容量 /% | 100 | 90 | 80 | 70 | 60 | 50 | 40 | 30 | 20 | 10 |
|---|---|---|---|---|---|---|---|---|---|---|
| 电压 /V | 12.65 | 12.55 | 12.50 | 12.41 | 12.25 | 11.92 | 11.72 | 11.71 | 11.20 | 10.50 |

## 二、串联蓄电池组出现不均衡

#### 1.故障检修流程

所谓铅酸蓄电池的均衡性是指铅酸蓄电池开路时,单体蓄电池的端电压和蓄电池组在浮充状态下的端电压的差值。标准规定,各单体蓄电池在开路时的端电压之差应不大于 20mV,各单体蓄电池在浮充状态下的浮充电压之差不大于 100mV。

串联蓄电池不均衡是个难题,在使用过程中很难使多个串联蓄电池均衡,总会出现落后的单体蓄电池存在。若蓄电池组存在电压偏差,则会造成落后的蓄电池过早失效。若串联蓄电池不均衡,应按如图 6-34 所示的流程进行检修。

#### 2.故障检修技巧

首先将蓄电池进行一般性的维护充电,然后以 2h 时率的电流对整组蓄电池进行放电。放电过程中应不断测量各单体蓄电池的电压,将放电容量不足的落后单体蓄电池选出,然后先补加 1.050g/cm$^3$ 的稀硫酸至刚好看到有流动电解液出现为止,再继续充电 12～15h(充电时注意蓄电池的温度不得超过 50℃)。充电结束后,静置 1～4h,重做 2h 时率的电流放电。放电过程中,测量单格电压的数值,若放电时间达不到标准或者单体蓄电池电压到了 10.5V,放电时间与正常单体蓄电池相差较大者,则应重复上述充、放电程序操作,直到符合要求为止。若重复充、放循环后,某单体电池容量无明显上升或电压明显偏低,此蓄电池可能有短路存在或活性物质严重软化脱落、严重不可逆硫酸盐化等。由于无法修复,应予以报废处理。对符合要求、可以继续使用的蓄电池,应在随车充电器的浮充充电条件下,抽尽流动的电解液,擦净电池表面,拧上安全阀,盖上或插上盖板。

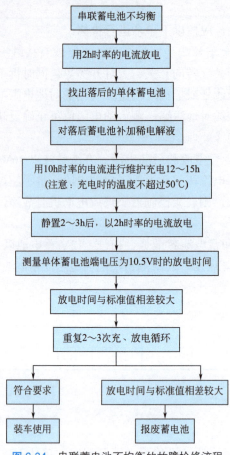

图 6-34 串联蓄电池不均衡的故障检修流程

## 三、蓄电池过热

### 1. 故障检修流程

蓄电池在充电或放电过程中,其外壳发热属于正常,但异常发热(称为过热)应予排除。否则,会使电解液蒸发减少直到干涸,加速极柱、极板和隔板等部位的氧化,使极板变形,内阻增加,最终使蓄电池容量下降,寿命缩短。

蓄电池过热的故障检修程序如图 6-35 所示。

### 2. 故障检修技巧

(1)蓄电池充电过热

引起蓄电池充电过热的原因和排除方法如下。

① 蓄电池内阻增大,应更换。

② 由于活性物质脱落造成蓄电池内部短路,应予以更换。

③ 电解液不纯净,应更换电解液。

④ 电解液干涸(或严重缺水),应补加电解液。

⑤ 充电器没有反脉冲消除极板硫化功能,应选用智能充电器。

⑥ 充电时因不能在充电后期均衡充电,而造成过充电。应查明原因后排除。

(2)蓄电池放电过热

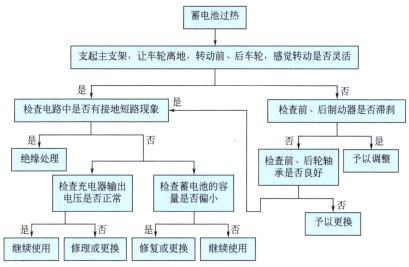

图 6-35 蓄电池过热的故障检修流程

蓄电池放电时引起过热现象，一般是由放电电流过大引起的。引起蓄电池放电电流过大的原因和排除方法如下。

① 电动自行车行驶阻力较大，应检查轮胎气压是否过低、制动器是否拖滞、车轮轴承是否损坏等，找准原因后排除。

② 载重量较大，应减负载行车。

③ 当长期在不良道路上或坡度较大的路面上行驶时，要采用人力助动。

④ 电机绕组短路，应修理或更换电机。

⑤ 线路某处轻微接地，应进行绝缘处理。

## 第三节 其他电气部分的故障检修流程和技巧

### 一、转向灯全不亮

现以新日电动自行车为例加以说明，新日全车电路如图 6-36 所示。

#### 1.故障检修流程

打开电源开关，将转向开关拨向左边或右边时，转向灯和转向指示灯均不亮。

转向灯电路是一个双并联电路，若转向灯全不亮，除转向灯全部烧毁外，其故障可能发生在信号电路的总线上，即转向灯的公共部分。转向灯全不亮的故障原因有以下几点。

① 转向灯全部烧毁。

② 转换器故障。

③ 闪光器故障。

④ 转向灯总线接线处或插接处接触不良。

转向灯全不亮的故障检修流程如图 6-37 所示。

#### 2.故障检修技巧

转向灯全不亮的检修技巧如下。

① 打开电源开关，按下电喇叭按钮，若电喇叭不响或声响较弱，接着转动调速转把，

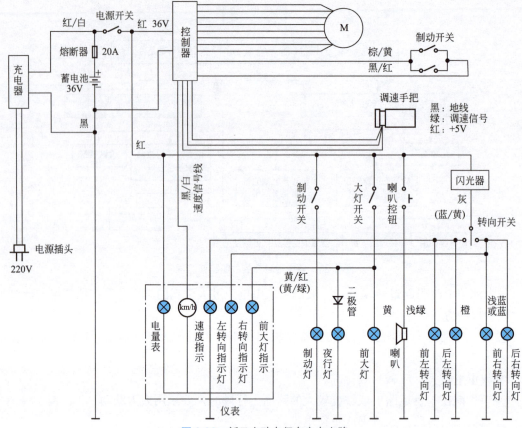

图 6-36 新日电动自行车全车电路

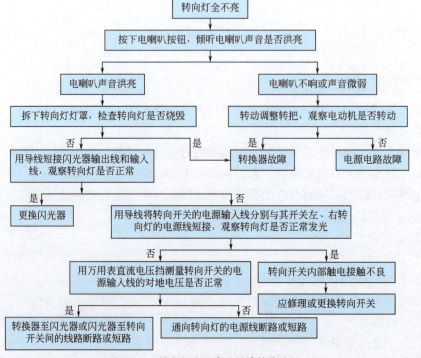

图 6-37 转向灯全不亮的故障检修流程

若电动自行车能正常骑行,则表明蓄电池电量充足,其故障可能在转换器。若电喇叭声音洪亮,则表明蓄电池供电正常。

② 拆下转向灯罩,检查转向灯是否被烧。若转向灯和转向指示灯全部烧毁,应予以更换,同时应检查被烧的转向灯或转向指示灯的额定电压是否过小;若转向灯和转向指示灯都未烧毁,则应按下项继续检查。

③ 用一根导线短接闪光器的输入和输出线的接线端子。若短接闪光器后转向灯正常工作,则表明闪光器损坏,应予以更换;若短接闪光器后转向灯还不亮,则继续下项检查。

④ 用一根导线的一端接电喇叭的电源线,另一端接转向开关的输入线,同时拨动转向开关。若转向灯亮,则表明闪光器与转向开关某处断路;若转向灯不亮,则继续下项检查。

⑤ 用一根导线的一端接电喇叭电源线,另一端接转向开关的左侧电源输出线。若转向灯亮,则表明转向开关故障,应检查转向开关是否断线,转向开关中的滑片与左、中、右接触点是否烧蚀或锈蚀。若是,根据情况予以排除。

## 二、制动灯不亮

### 1. 故障检修流程

以世纪星电动自行车为例介绍制动灯的故障检修。世纪星电动自行车如图 6-38 所示。蓄电池供电 48V,通过转换器变为 12V 电压,向制动电路、前大灯电路和转向灯电路等供电,即制动灯、前大灯、喇叭、转向灯等的电源都为 12V。该电路与其他电路不同的是,制动开关和前大灯开关处于火线端,而控制的灯泡处于接地端。

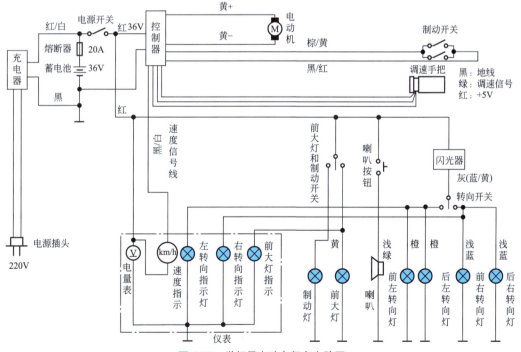

图 6-38 世纪星电动自行车电路图

引起制动灯不亮的原因有以下几点。
① 制动灯烧毁。
② 制动灯与其灯座接触不良。

③ 制动开关接触不良或断开。
④ 制动灯线路某处断路。
制动灯不亮的故障检修流程如图6-39所示。

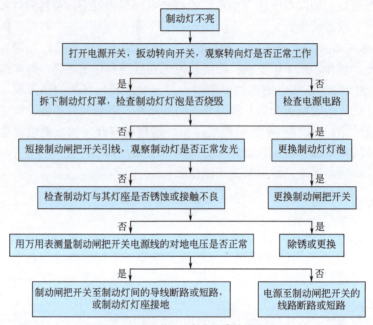

图6-39 制动灯不亮的故障检修流程

### 2. 故障检修技巧

制动灯不亮的故障检修技巧有以下几点。

① 打开电源开关，左右扳动转向开关，观察转向灯的工作情况。若转向灯不亮，则表明蓄电池电量不足或电源某处断路或接触不良。接着电动骑行，若电动机转动缓慢，则表明蓄电池电量不足或电源电路某处接触不良或断路，应向蓄电池充电，或检查电源电路，有故障应予以排除。若电动骑行时，电动机强劲有力，则表明转换器异常或转换器引接断路，应焊接断线或更换转换器。

② 打开电源开关，左、右扳动转向开关，若转向灯亮，接着转动调速转把，若电动机不能转动，则表明故障在制动灯电路。拆下制动灯灯罩，检查制动灯是否被烧。若烧坏，应及时更换；若未烧坏，则检查制动灯灯泡与灯座的接触情况，查出故障予以排除。

③ 在电动机运转中，握下左或右闸把，电动机不能停转，应取一根导线，短接制动开关的两根接线片或两引线的插头。若短接后制动灯亮，则表明制动开关调整不当或内部接触不良；若短接后制动灯不亮，则按下项检查。

④ 用螺钉旋具或导线将制动开关的电源线与接头做瞬间触碰，观察火花的情况。若触碰时有火花，则表明制动开关至电源线正常；若触碰时无火花，则表明制动开关至电源线间不正常。

## 三、电喇叭不响

### 1. 故障检修流程

打开电源开关，按下电喇叭按钮，电喇叭不响。引起电喇叭不响的原因有以下几点。

① 蓄电池电量不足。
② 供电电路异常。
③ 电喇叭按钮接触不良或损坏。
④ 电喇叭故障。
⑤ 电喇叭调整不当。
⑥ 转换器有故障。

电喇叭不响的故障检修流程如图 6-40 所示。

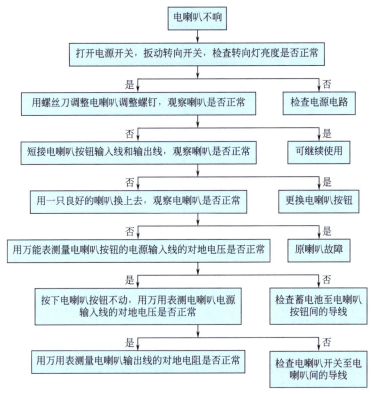

图 6-40　电喇叭不响的故障检修流程

### 2. 故障检修技巧

电喇叭不响的检修技巧如下。

① 打开电源开关，左、右拨动转向开关，观察转向灯的亮度情况。若转向灯暗淡或不亮，则表明蓄电池电量不足，或电源电路某处断路。接着骑车试验，电动机运行良好，则表明转换器故障。若转向灯明亮，则表明故障在电喇叭电路。

② 用万用表电压挡测量电喇叭的输入电源线的电压，若电压异常，则表明转换器与电喇叭间的连线断路；若有电压，则按下项检查。

③ 取一根导线，让导线一端接电喇叭的输出线，另一端接地，若电喇叭能发出响声，则表明电喇叭按钮接触不良或电喇叭至电喇叭按钮间断路。接着短接电喇叭按钮，若电喇叭正常发响，则表明电喇叭按钮接触不良；若电喇叭仍不响，则表明电喇叭与地间接触不良。

④ 取一根导线，一端接触电喇叭的输出线，另一端接地，若电喇叭不能发出响声，则表明电喇叭有故障，应对电喇叭的音量或音调进行调整；若调整后电喇叭响声恢复正常，则表明电喇叭调整不当，应予以调整；若调整后电喇叭仍不响，则表明电喇叭损坏。

## 四、前大灯不亮

### 1. 故障检修流程

该现象是由前大灯、控制电路和电源故障引起的。其故障检修流程如图 6-41 所示。

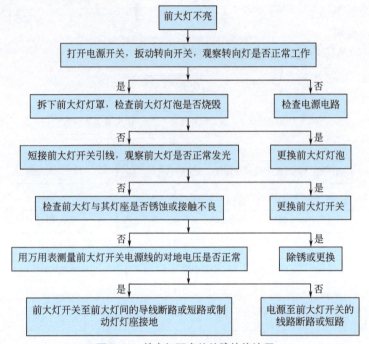

图 6-41　前大灯不亮的故障检修流程

### 2. 故障检修技巧

前大灯不亮的检修技巧如下。

① 按下喇叭按钮，左、右扳动转向开关，若有正常的声光现象，则表明前大灯电源正常；若无正常的声光现象且电动机可正常转动，则表明转换器损坏，应予以更换。

② 若前大灯不亮而仪表内的照明灯亮，则表明前大灯烧毁，灯泡与灯座接触不良或前大灯线路某处断开。前大灯开关损坏同样可导致此故障。

③ 若前大灯和仪表照明灯都不亮，一般故障在大灯开关，应予以修理或更换。

## 第四节　行车及操纵制动系统的故障检修流程和技巧

### 一、转向把转向不灵活

#### 1. 故障检修流程

该现象一般是前叉调整螺母拧得过紧、前叉轴承或钢珠磨损所致，其故障检修流程如图 6-42 所示。

#### 2. 故障检修技巧

① 检查前轮轮胎胎气是否过低。若过低，应充气。

② 用力向上掀动或拉下前把，检查方向柱的钢珠与钢珠座圈的配合间隙及转动情况。若配合间隙过小，且转向不灵活，则表明方向柱调整螺母拧得过紧；若配合间隙适当，且转

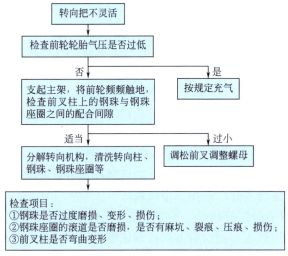

图 6-42 转向把转向不灵活的故障检修流程

向不灵活,应分解转向机构,用煤油把转向栓、钢珠、钢珠座圈等清洗干净,同时检查钢珠是否过度磨损、变形或损伤,钢珠座圈滚道是否过度磨损或有麻坑、压痕、裂痕、损伤等,方向柱是否弯曲变形等。

## 二、转向把晃动或抖动

### 1.故障检修流程

该现象一般是调整螺母松动、前叉轴承或钢珠磨损和减震器异常所致。其故障检修流程如图 6-43 所示。

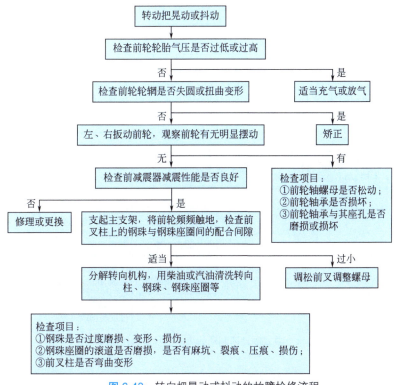

图 6-43 转向把晃动或抖动的故障检修流程

### 2.故障检修技巧

转向把晃动的检修技巧如下。

① 检查前轮轮胎气压是否过高或过低。若气压过低,应补充充气;若气压过高,应适量放气。

② 用手左、右扳动前轮,仔细观察前轮的摆动情况。若前轮有明显摆动,应检查前轮轴螺母是否松动,检查前轮轴承或轴承座孔是否过度磨损或损坏;若前轮无明显摆动,则按下项检查。

③ 检查前减震器的减震性能是否良好。若前减震器的减震性能差或不起作用,应检查前减震器弹簧是否折断或弹力不足,阻尼器上的活塞杆是否弯曲或折断,阻尼器是否漏油引起前减震器过软;若减震器良好,则按下项检查。

④ 将前轮抬起,双手握住前减震器下部(或方向柱下部),检查方向柱钢珠与钢珠座圈的配合间隙。若配合间隙过大,则检查方向柱调速螺母是否过松;若配合间隙适当,应分解转向机构,用柴油或汽油将方向栓、钢珠、钢珠座圈等清洗干净,并检查钢珠是否过度磨损、变形、损伤。钢珠座圈滚道是否过度磨损或有麻坑、压痕、裂痕、损伤等。

## 三、鼓式制动器制动效果差

### 1.故障检修流程

该现象是由制动鼓与制动蹄摩擦片间的摩擦力过小引起的,其故障检修流程如图6-44所示。

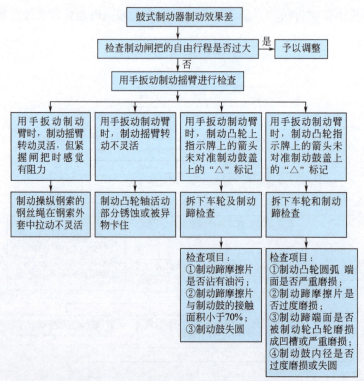

图6-44 鼓式制动器制动效果差的故障检修流程

### 2.故障检修技巧

鼓式制动器制动效果差的故障检修技巧如下。

① 轻轻握动左、右制动握把，检查其自由行程是否保持在 10 ～ 15mm 的范围内。若自由行程过大或过小，均应进行调整。若自由行程过大，则顺时针转动调节螺母；若自由行程过小，则逆时针转动调节螺母。当调节螺母的弧形槽与制动臂销上的圆柱面相吻合时，表示调节已经到位。

若以上调整不能满足制动要求，再调整制动臂与制动凸轮轴的相对位置。调整时，先松下螺栓，将制动臂从凸轮花键上先卸下来，再将制动臂顺时针旋转一个角度（这个角度的大小，应根据调整前的检查情况而定）后重新装到凸轮轴上，拧紧螺栓，然后再重复检查自由握把的自由行程。

调整完毕后，反复紧握和放松握把几次，至放开握把后车轮能灵活转动为宜。当握紧制动握把时，注意指示牌上的刻度是否达到或超过制动盖上的标志。若已达到或超过标志，则应更换制动蹄块或凸轮轴等部件。

② 若制动握把的自由行程符合规定值，应将制动摇臂与制动操纵钢索的钢丝绳分开，用手扳动摇臂进行以下检查。

a. 用手扳动制动摇臂时，制动摇臂转动灵活，但握紧制动握把时感觉有阻力，则表明操纵钢索的钢丝绳在其钢索处套中拉动不灵活。若钢丝绳的拉丝头处有断股或拉毛现象，则应予以更换。否则应将操纵钢索从车上卸下，将其浸泡在金属洗涤剂（或柴油）中来回拉动钢丝绳，以清洁出钢索外套内的污物；也可采用滴注润滑。用透明塑料胶带缠绕在操纵钢索外套端部形成管状，固定住钢索外套，并尽可能使操纵钢索垂直地面，然后用机油枪向管内注满机油，让其自由地向钢索外套内泄漏，直至钢索下端有油滴出，同时拉动钢丝绳，感到钢丝绳在外套来回拉动灵活即可。

b. 用手扳动制动摇臂而制动摇臂转动不灵活时，则表明制动凸轮活动部分锈蚀或被异物卡住，应予以处理或更换。

c. 用手扳动制动摇臂，制动凸轮上的指示牌上的箭头未对准制动鼓盖上的"△"标记，应拆下车轮和制动蹄块，检查制动蹄块摩擦片是否沾有油污，制动蹄块摩擦片与制动鼓接触面积是否小于 70%，制动鼓是否失圆等，应根据情况予以排除。

d. 用手扳动制动摇臂，检查凸轮上的指示牌上的箭头对准或已超过制动鼓盖上的"△"标记。拆下车轮和制动蹄块，检查制动凸轮圆弧端面是否磨损严重，制动蹄块摩擦片是否过度磨损，制动蹄块端面是否被制动凸轮磨损或凹槽是否严重磨损，制动鼓内径是否过度磨损或失圆，应根据情况予以排除。

## 四、液压盘式制动器制动效果差

### 1. 故障检修流程

该现象是液压盘式制动器控制部分和制动部分故障所致，其故障检修流程如图 6-45 所示。

### 2. 故障检修技巧

（1）补充储油箱内的制动液

将电动自行车停在平坦的地面上，支起主支架，转动转向把，使制动器主泵储液箱处于水平状态，检查储液箱内的制动液液面。若制动液液面低于储液箱的下限线时（LOWER），则说明制动液不足，应拧下储液箱盖上的螺钉，取下储液箱盖、膜片板、膜片，将制动液补充至上限线。补充制动液时应注意的事项如下。

① 选用同一牌号的制动液，不同牌号的制动液不能混合使用，以防止化学反应。

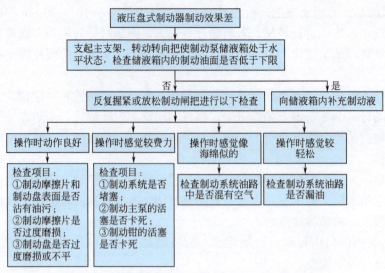

图 6-45　液压盘式制动器制动效果差的故障检修流程

② 不能混入水和杂质，不能使用陈旧、使用过或未密封的容器中取出的制动液。

③ 由于制动液会腐蚀油漆表面、塑料及橡胶零件，因此应注意不要让制动液沾到它们上面，若沾上应立即用水冲洗。

（2）制动系统油路排气的方法

在每次组装制动器或更换制动液后，都必须将制动系统油路排气。

① 将电动自行车停在平坦的地面上，支起主支架，转动转向把，使前制动主泵储液箱处于水平状态，然后拧下储液箱盖上的螺钉，取下储液箱盖、膜片板，将储液箱内的制动液补充至适当高度，并盖好储液箱盖，以防杂物掉入。

② 将透明塑料软管套在前制动钳的放气螺栓上，软管的另一端放入预置的容器内，然后缓慢地捏放前制动握把若干次。捏紧前制动握把，同时拧松制动钳的放气螺栓 1/2 圈，并将前制动握把捏到底，使带有气泡的制动液顺着软管流出，再拧紧前制动钳的放气螺栓，放开前制动握把。

③ 隔数秒后，重复操作②，直至流出放气螺栓的制动液中不再带有气泡为止，然后拧紧放气螺栓，盖上放气螺栓帽。

④ 将储液箱内的制动液补充至适当高度，装上膜片、膜片板、储液箱盖，拧紧储液箱盖上的螺钉。